Bibliothek
für Designer

PHILOSOPHIE
FÜR DESIGNER

FLORIAN ARNOLD

Bibliothek
für Designer

PHILOSOPHIE FÜR DESIGNER

avedition

Bibliothek
für Designer

Zur Buchreihe

Einführungsreihen gibt es viele, doch noch keine, die sich speziell an Gestalter richtet, in deren akademischer Ausbildung kultur- oder naturwissenschaftliche Methoden und Inhalte ja nicht unbedingt im Vordergrund stehen. Ziel der vorliegenden Buchreihe *Bibliothek für Designer* ist daher eine Erschließung von Bezugswissenschaften und sekundären Wissensgebieten für Gestalter.

Die Reihe geht dabei nicht im Sinne konventioneller und fachspezifischer akademischer Übersichtsdarstellungen vor, sondern als vom Entwurfsprozess ausgehende, prägnante und kompetente Darstellungen des jeweiligen Wissensthemas. Daher zielt die Reihe nicht primär auf solche Themen, die dem Design nahe sind, sondern auf mögliche Projektinhalte der Gestaltung. Die Bände sollen vor allem eine Portalfunktion aus der Interessenslage der Gestalter heraus erfüllen.

Die Herausgeber
Prof. Dr. Thomas Friedrich
Prof. Dr. Klaus Klemp
Prof. Dr. Gerhard Schweppenhäuser

Inhalt

Alles hat einen Anfang. Allein, die Philosophie wäre nicht zur Philosophie geworden, hätte sie damit nicht seit ihren Anfängen ein Problem. So ist die Frage nach ihrem Beginn nicht nur eine historische, sondern vor allem eine systematische: Gibt es schlicht den einen Anfang der Philosophie? Oder macht die Philosophie nicht jedes Mal dann vielmehr einen Neuanfang, wenn sie prinzipiell über Fragen des Anfangs, auch ihrer selbst, nachdenkt? Fragen ohne Ende. Aber wie in Fragen des Designs, so scheint auch in der Philosophie jede Antwort zumindest ein erster Anfang, wenn auch als Problem ...

Grundlegende Fragen

Manchmal stellen sich uns Fragen, denen wir nicht gewachsen scheinen. Es sind Fragen, auf die es keine eindeutige Antwort gibt und denen wir uns doch stellen müssen, sobald sie uns nicht mehr loslassen. Wir sind verwundert, vielleicht auch erschüttert und suchen nach Wegen und Mitteln zu fassen, was uns unserer Fassung beraubt hat. Diese Fragen nennen wir für gewöhnlich philosophische Fragen, da sie uns in ihrer ausschweifenden Weite bisweilen nutzlos oder in ihrer unerschöpflichen Tiefe geradezu selbstzweckhaft erscheinen. Mögen wir uns dabei inspiriert oder frustriert fühlen, unser Alltag zeigt ein unbekanntes Gesicht, alte Selbstverständlichkeiten werden zu neuen Herausforderungen. Wir sind nicht einfach aus der Welt gefallen, sondern umgekehrt vielmehr auf unerwartete Weise erneut in sie hineingestürzt. Die Welt hat sich gewandelt, unser Einblick ist ein anderer und manchmal auch wir selbst.

Doch was kann man mit solchen Fragen anfangen? Und was sollte gerade das Design mit ihnen zu schaffen haben? Solche Zweifel klingen bereits wohlvertraut. Es ist der Philosophie seit ihren Anfängen immer wieder vorgeworfen worden, es an der Praxis mangeln zu lassen – einmal abgesehen von moralischen Überlegungen. Anders als bei dem Verhältnis von Naturwissenschaften und Technik etwa fällt es schwer, auf Anhieb einen Anwendungsbereich der Philosophie zu benennen. Wenn überhaupt, so scheint sie unseren Umgang mit praktischen Problemen eher zu verkopfen und zu verkomplizieren, anstatt konkrete Lösungen zu finden und umzusetzen.

Vor allem von Designer-Seite scheint die kritische Rückfrage, was philosophische Fragen überhaupt nützen sollen, mehr als berechtigt. Kaum ein Philosoph würde bestreiten, dass solche Fragen ihre Berechtigung haben; jedoch nur einige wenige würden sie wohl auch dahingehend für mehr als berechtigt halten, dass sie ihnen wesentlich für die Philosophie schienen. Die meisten halten sie eher für marginal verglichen mit dem harten Kern über den Alltag erhabener philosophischer Reflexion.

Die vorliegende Einführung wird sich hingegen auf die Seite der Minderheit schlagen. So besteht die Hauptabsicht gerade darin, mit einem beiderseitigen Missverständnis zwischen Philosophie und Design aufzuräumen und stattdessen nachvollziehbar zu machen, inwiefern die Praxisfrage beide Disziplinen umgekehrt vielmehr so eng miteinander verknüpft, dass sie sich in Zukunft nur schwer werden auseinanderbringen lassen. Dabei geht es nicht allein um die Feststellung, dass wir es bei genannten Fragen bereits mit einer allzu philosophischen Infragestellung der Philosophie und ihres Potenzials zu tun haben, sondern überdies um die Festigung der mehr als philosophischen Einsicht, dass der Fragende meistens schon Teil der Antwort ist, kurzum: Es geht um Designphilosophie.

Der Begriff der Designphilosophie gewinnt zunehmend an Bedeutung in den Debatten um die Konstitution und den gegenwärtigen Status der Designwissenschaft. Wird Letztere von verschiedenen Seiten immer wieder kritisch infrage gestellt (manche bezweifeln gar ihre Existenz), scheint mit dem Begriff der Designphilosophie gerade affirmativ zum Ausdruck zu kommen, dass das Design ohne fundamentale (Selbst-)Kritik gar nicht mehr existieren könnte.

Demnach zielen die folgenden Seiten nicht nur darauf ab, überblickshaft darzulegen, wann es mit der Philosophie seinen Anfang genommen und wo es heute vorübergehend sein Ende gefunden hat, sondern was gerade Designer mit philosophischen Einsichten buchstäblich zu schaffen haben und noch zu schaffen haben könnten. Es wird darum gehen, die philosophische Form des Fragens als eine produktive Herangehensweise des Designs verstehen zu lernen. Und umgekehrt wird sich auch der Philosophie eine Antwort darauf ergeben, wie sie bei all ihrer Selbstzweckhaftigkeit dennoch einen Nutzen zu entfalten vermag – durch die Praxis des Designs.

Zusammenhänge

Sowohl die Philosophie als auch das Design reichen weiter zurück, als ihre Institutionalisierung in Schulen oder Disziplinen zunächst nahelegen. Die fundamentale Befragung sowie die durchdringende Gestaltung der Umwelt zeichnen die menschliche Spezies bereits seit ihren Anfängen aus. Im Falle der Philosophie scheint die Frage nach ihren Anfängen zugleich verknüpft mit einer Tradition, die sich gerade durch eine kritische Selbstbefragung mehr und mehr zu ihrer heutigen Bedeutung entfaltet hat. Schon ein Blick auf ihre Vorgeschichte gibt eine Ahnung davon:

x
Vorsokratiker
Durch die Bezeichnung wird indirekt eine Epochenschwelle markiert, die bereits seit der Antike wahrgenommen wurde und die frühzeitliche Aufklärungsbewegung vom Mythos zum Logos vorerst abschloss. In der deutschen Sprache hat sich der Begriff spätestens mit Hermann Diels Sammlung *Die Fragmente der Vorsokratiker* von 1903 durchgesetzt.

Der Vorsokratiker x Thales von Milet x stand am Beginn dessen, was erst in späterer Zeit durch den Historiker Herodot x erstmals Philosophie genannt wurde. Wie aber die Charakterisierung als Vorsokratiker schon nahegelegt gab Thales weniger das Bild eines Philosophen ab, das seit Sokrates x durch die Philosophiegeschichte geistert. Stattdessen zeichnete sich seine nur indirekt überlieferte Auffassung, dass alles aus Wasser bestünde, eher durch einen gewissermaßen naturphilosophischen Blick auf die Welt aus, der sich vor allem gegen mythische Erklärungen in Stellung brachte. Zwar war auch Thales schon auf der Suche nach einem erklärenden Ursprungsprinzip, doch dieses wurde von ihm noch in einem Urstoff ausfindig gemacht. Von einem kritischen Diskurs der Philosophie, der über seinen eigenen Logos Rechenschaft ablegt, konnte dabei noch nicht die Rede sein, wenngleich gewisse aufklärerische Ansätze bereits unverkennbar sind.

x
Thales von Milet
um 624 – um 547 v. Chr.
Er war seinen Zeitgenossen auch als Mathematiker und Astronom bekannt. Schriften sind nicht überliefert.

x
Herodot von Halikarnassos
490 / 480 – um 424 v. Chr.
Er gilt als Vater der Geschichtsschreibung. Sein einziges erhaltenes Werk sind seine Historien über den Aufstieg des Perserreichs und die Perserkriege.

x
Sokrates
469 – 399 v. Chr.
Seine persönliche Kauzigkeit und sein tragisches Schicksal haben ihn zum Inbegriff des Philosophen werden lassen.

Ähnlich verhält es sich beim Design, wenn die Frage aufkommt, ob etwa die Herstellung von Faustkeilen schon als ein Akt der Gestaltung zu verstehen sei. Streng genommen wohl nicht. Auch quasi philosophische Fragestellungen sind freilich älter als die Überlegungen des Thales. Doch im Grunde bahnt sich bereits etwas an, was erst ab Thales auf eine Liebe zur Weisheit hinausläuft und im Falle des Designs bei der Zuhilfenahme nicht-industrieller Maschinen zur Lösung von komplexeren Problemen seinen Ausgang nimmt, bevor es in der Moderne seine eigene Disziplin hervorbringt.

Erst mit der einflussreichen Gruppierung der Sophisten [x], die ab der Mitte des 5. Jahrhunderts v. Chr. zahlungswillige Bürgersöhne mit der nötigen Rhetorik und Bildung versahen, um auf den Foren der griechischen Stadtstaaten Karriere zu machen, schien die Zeit gekommen, die Philosophie zur Welt zu bringen. Der bereits erwähnte Sokrates – von vielen seiner Zeitgenossen selbst als ein Sophist wahrgenommen – verstand sich hingegen als Hebamme der Wahrheit, die begabten Jünglingen bei ihren philosophischen Kopfgeburten behilflich sein wollte. Nicht selten ironisch ging es um die logische Zurückweisung schlecht begründeter Meinungen oder falscher Absichten, mit denen die sophistischen Konkurrenten ihr Geld verdienten. Demgegenüber behauptete Sokrates die Erkennbarkeit des Guten als Voraussetzung eines tugendhaften Lebens und unterließ es darum nicht, die argumentative Auseinandersetzung mit den Sophisten zu suchen.

x **Sophisten**
Heterogene Gruppe von umherziehenden Denkern, die ihr Wissen mit Blick auf Lebens- und Karrierefragen gegen Geld anboten. Eine moderne Vorform des Consultings.

Sollte auch erst sein Schüler Platon der Philosophie ihre eigene Akademie errichten und damit den Grundstein ihrer Institutionalisierung legen, so erwies sich doch bereits Sokrates alltäglicher Disput gleichsam als die Aushebung ihres Fundaments: Gerade in der Absetzung von der Sophistik kam die Philosophie dort zu sich selbst, wo das Gegenüber auf dem versammelten Forum nicht mehr nur eindrucksvoll überredet, sondern in Übereinstimmung mit der inneren Wahrheit vom besseren Argument vielmehr überzeugt werden sollte. In der Philosophie fand die Sophistik gewissermaßen zu ihrer selbstkritischen Wahrheit und an der Sophistik die Philosophie wiederum zu ihrem Modus Operandi, der sie durch ihre Geschichte hindurch bis heute bestimmt.

Diese Form konstitutiver Selbstkritik scheint nun gleichermaßen das Design in seiner Aversion gegenüber einem oberflächlichen Styling oder suggestiven Marketing nicht nur auszuzeichnen, sondern in seiner institutionellen Geschichte bis heute auch vorangetrieben zu haben. Modernes Design, nicht weniger als die Philosophie, verdankt seine Emanzipation gegenüber einem Verhübschungs- und Überredungsgeschäft dem Willen zur Aufklärung – nicht zuletzt über die eigene Wirklichkeit, die Möglichkeiten und Notwendigkeiten. Wollte es weniger, wäre es keines.

Doch es muss sogar noch mehr wollen: Definiert man das Design seit der Industrialisierung im ausgehenden 18. Jahrhundert als ein Entwerfen zum vernünftigen Gebrauch, stellt sich in gleichem Maß umgekehrt die Frage, wie man der Vernunft überhaupt zum Gebrauch verhelfen könnte. Hier zeichnet sich bereits ab, wie eng Philosophie und Design der Sache der Vernunft verbunden sind. Die Gestaltung der Gegenstände und Abläufe innerhalb eines noch so primitiven Alltags beantwortet in praktischer Hinsicht nicht zuletzt die philosophische Frage nach dem Wesen des Menschen, indem sie ihm durch Arte- und Mentefakte immer wieder Ausdruck verleiht. Umgekehrt fordert dieser urmenschliche Designprozess von sich selbst her schon eine philosophische Infragestellung seiner Voraussetzungen und Ziele, die wiederum auf die gestalterische Praxis des Menschen zurückwirken.

Dementsprechend ist es kaum verwunderlich, dass sowohl in der Philosophie als auch im Design die eigene Definition bis heute strittig bleibt, selbst nach ihrer jeweiligen Institutionalisierung zu unterschiedlichen geschichtlichen Zeitpunkten. Der Grund hierfür ist kein Mangel, sondern ein Überschuss: Beide Disziplinen haben sich als so dynamisch erwiesen, dass sie sich nicht nur einem fortwährenden Wandel ausgesetzt zeigen, sondern diesen Wandel vielmehr selbst bewusst und proaktiv vorantreiben, ihn also reflektieren und gestalten.

Gilt für die Philosophie zumindest seit der Moderne, dass sie ihre Zeit in Gedanken erfasst (Hegel), lässt sich vom Design hingegen behaupten, dass es seine Zeit durch Produkte erschafft. Dabei fungiert einerseits das Design als ein Redesign und andererseits die Philosophie als eine doppeldeutige Wieder-Holung von Vergangenem innerhalb einer jeweiligen Gegenwart, deren zukünftiger Horizont sich in ihr bereits abzeichnet. Mit Blick auf diese gemeinsame Zukunft verhalten sich gerade die Disziplinen Philosophie und Design komplementär zueinander: Design ist eine angewandte Philosophie [x] und die Philosophie wiederum ein theoretisches Design der Zukunft. Beide, so scheint es, sind heute erst im Begriff voneinander zu lernen, was sie noch werden könnten.

x
Design als angewandte Philosophie
Die Rede vom Design als »angewandte Kunst«, gegen die hier Stellung bezogen wird, weist zurück ins 19. Jahrhundert. Die ehemaligen Verteidigungsnöte des Designs gegenüber der Kunst scheinen sich nun – nach einer Übergangsphase im 20. Jahrhundert – umzukehren.

Zum Buch

Der Schwerpunkt des Buches liegt folglich auf der Philosophie der Moderne, da im Zuge der diversen Revolutionen um 1800 – den politischen in Amerika und Frankreich, der industriellen in England und der philosophischen in Deutschland – das Design als solches thematisch wurde. Genauso wie mit Kants kopernikanischer Revolution die »Bedingungen der Möglichkeit von Erkenntnis« für eine moderne Subjektivität fraglich wurden, so wurde komplementär dazu das Design zur eigenständigen Fragestellung im Hinblick auf Bedingungen der Möglichkeit von Gestaltung innerhalb einer modernen Objektivität (von Industrieprodukten und -produktionsabläufen).

Erst mit der Moderne kam es zu einem ausdifferenzierten Designdiskurs, weil erst mit einer rekursiven Integration der eigenen Möglichkeitsbedingungen in den Gestaltungsprozess selbst ein Bewusstsein des eigenen Tuns entstehen konnte: Erst das Industrieprodukt erwies sich für den modernen Menschen als die eigene Frage in Gestalt. Er vermag seine moderne Lebenswelt nicht nicht mehr zu gestalten und weiß nunmehr auch darum.

Die dagegen vormodernen Philosophien seit Platon bleiben für das Verständnis des Designs jedoch insofern interessant, als sie eine Reihe von Grundunterscheidungen in den Diskurs eingeführt haben, die nicht allein innerhalb der Philosophiegeschichte Ausgangspunkte für andauernde Auseinandersetzung boten und immer noch bieten.

Dabei folgen alle Kapitel (mit Ausnahme desjenigen zu Kants Transzendentalphilosophie, zur Postmoderne und des Schlusskapitels) einem Verfahren der Opposition: Ausgehend von einigen Meisterdenkern der Philosophietradition werden die konkurrierenden Stile, Schulen oder Programme einer jeweiligen Epoche entwickelt und gegeneinander profiliert. Dass es sich nur um eine Auswahl handelt, versteht sich von selbst. Außerdem werden wegen des beschränkten Umfangs vornehmlich repräsentative Theorieaspekte in den Blick genommen, die für Designer von besonderem Interesse sind oder sein könnten.

Zum Schluss wird sich zeigen, inwieweit die beiden Disziplinen der Philosophie und des Designs gegenwärtig in einen engeren Austausch treten, der sich im Rückblick auf die vorherigen Philosophien bereits anbahnte. Was beide Disziplinen zunehmend vereint, ist die Zukunftsaussicht auf eine mögliche Autonomie künstlicher Informationssysteme: Der Anthropozentrismus der Moderne scheint philosophisch wie auch gestalterisch bereits infrage gestellt. Auf diese transhumane Herausforderung dennoch eine humane Antwort zu finden, verpflichtet beide Disziplinen gleichermaßen – nicht zuletzt was ihre tatsächliche Zusammenarbeit betrifft.

Jede Disziplin hat ihre Stifterfiguren. Im Fall der Philosophie wurden sie zu regelrechten Übervätern. Platon und Aristoteles haben nicht nur erste Ansätze geliefert, sondern von vorneherein ein komplettes Programm wegweisender Fragen und Antworten formuliert: Weshalb unterscheiden wir zwischen Idee und Materie? Wie lässt sich aus beiden eine Welt erschaffen? Gibt es ein höchstes Gut in dieser Welt? Und welchen Anteil haben Theorie und Praxis daran? Fragen und Antworten, die manchmal auf erstaunliche Weise auch im Alltag des Designers wiederkehren.

Platon

x
Platon
428 / 427 – 348 / 347 v. Chr.
Platon gilt als der einflussreichste Denker der Philosophiegeschichte. Manch einer behauptet sogar, die Philosophiegeschichte bestünde nur aus Fußnoten zu Platon.

Platon [x] war nicht nur der erste, der es unternahm, ein alle Wissensbereiche umfassendes Denksystem auszuarbeiten. Er war auch derjenige, der gegenüber seinen Vorgängern und womöglich auch gegenüber seinen Nachfolgern die mächtigste Wirkungsgeschichte zu entfalten vermochte. Platon kommt das Verdienst zu, nicht allein erhellende Einsichten formuliert zu haben, die das Ganze der Welt aus fundamentalen Prinzipien herzuleiten erlauben, sondern dieses Vorgehen seinerseits einer methodologischen Untersuchung unterzogen zu haben. Vor allem aber war Platon der erste, der sich bewusst die Frage stellte: »Was ist Philosophie überhaupt?«, um sie in der Folge gekonnt zu beantworten.

Zunächst war schon Platon der Ansicht, dass die Philosophie nicht einfach als eine Wissenschaft zu verstehen ist, die Wissen sammelt und systematisiert, um es unmittelbar praktisch nutzbar zu machen oder auf Weiteres zu überliefern. Auch mit religiösen Kulten und ihren Praktiken hat sie kaum etwas zu tun, sieht man von gewissen Grundüberzeugungen ab, die in ihr jedoch nicht mehr Gegenstand der Anbetung sind, sondern zu Gegenständen der kritischen Auseinandersetzung werden. Und zu guter Letzt verwahrte Platon sich gänzlich gegen das Missverständnis, schwächere Argumente lediglich zu stärkeren zu machen,[1] um wie die Sophisten Geld damit zu verdienen. Was soll man dann aber unter Philosophie verstehen?

x
Höhlengleichnis
Mit dem Höhlengleichnis hat Platon einen der wirkungsmächtigsten Mythen geschaffen, der bis heute Schüler und Studentem zumindest ermuntert, die urzeitliche Höhle des Unwissens zu verlassen, um ins Freie zu treten – bisweilen sogar mit Erfolg.

Die bekannteste und zugleich anschaulichste Antwort liefert Platons Höhlengleichnis [x] [2] aus dessen Hauptwerk, der *Politeia*: So wie ein Gefangener, der in den dunklen Tiefen einer Höhle festsitzt, noch nie das Sonnenlicht erblickt hat, so kann auch der Mensch nichts vom Licht der Wahrheit wissen, solange er nicht durch die Philosophie von seinen Fesseln befreit wird und dem Tageslicht Schritt für Schritt entgegensteigt.

Was ihn in der Höhle umgibt, sind bloße Schattenbilder, die er ohne besseres Wissen für die wahren Dinge halten muss. Gelingt es ihm aber einmal, an die Oberfläche zu gelangen, wird er bei seiner baldigen Rückkehr von den Zurückgelassenen für seine verblendeten Ansichten verachtet, wenn nicht gar verfolgt werden. So war es Platons Lehrer Sokrates ergangen, der durch die Bürger Athens des Frevels und der Verführung der Jugend angeklagt und zum Tode verurteilt wurde.[3]

Auch mit Blick auf sein politisches Umfeld versteht Platon die Philosophie demnach als die Bildung des Menschen durch die Erkenntnis der Wahrheit; einer Wahrheit allerdings, die keinem schlichten Tatsachenwissen entspricht, sondern die Seele des Menschen unwiderruflich umgestalten soll. Wie dieser Bildungsprozess vonstattengeht, ist seinerseits das Thema sowie die Form der platonischen Dialoge, die zum größten Teil Sokrates im Gespräch mit Athener Bürgern zeigen.[4] Sokrates – von Berufs wegen Steinmetz – erweist sich darin gewissermaßen auch als ein Bildhauer menschlicher Seelen, indem es ihm gelingt, seinen Gesprächspartnern durch Fragen und Antworten derart zuzusetzen, dass sie sich in ihren vormaligen Überzeugungen und Meinungen zuletzt nicht mehr wiedererkennen. Die unterschiedlichsten Meinungen zu Fragen der Tapferkeit, der Schönheit, der Gerechtigkeit etc. werden von Sokrates durch logische Argumentationen wie Gesteinsschichten Stück für Stück abgetragen, um dahinter die wahre Gestalt der Dinge und der menschlichen Seele freizulegen. Eine Identifikation von Diskutanten und Lesern ist dabei vom Autor Platon intendiert, um beide auf seine berühmte Ideenlehre stoßen zu lassen.[5]

Dass das Wesen der Welt letztlich in Ideen bestehe, die zu einem eignen Kosmos vereinigt erst das Urbild für die Abbilder unserer sinnlichen Erscheinungswelt abgäben, hat Platon zum Gründungsvater der Philosophie als Metaphysik werden lassen. Was die Philosophie selbst ist, weist letztendlich über die hiesige Welt hinaus und wird so zu einem Projekt, das den Philosophen in einen persönlichen Bildungsprozess verwickelt. Was die Philosophie möglich und notwendig macht sowie zu einer Aufgabe werden lässt, sind gerade die Ideen, deren Wesen es sich nachzubilden gelte.

Mit anderen Worten hat die Seele des Menschen in der Ordnung der Ideen ihr eigenes, formendes Vorbild, während die eigene leibliche Gestalt als eine Abbildung in minderwertigerem Material zu durchschauen ist. Die Seele kann aber nur die trügerische Natur ihrer Sinneswahrnehmung durchschauen, wenn sie von Meinungen, die genauso wechselhaft sind wie die Gegenstände und Sachverhalte, über die sie gebildet wurden, im Wesentlichen ablässt, um sich stattdessen einem rein geistigen Wissen, der unerschütterlichen Logik der Ideen, der ewigen Wahrheit zuzuwenden. Was sind also Ideen? Und was haben sie mit Design zu tun?

Ideen und Gestaltung

»Was ist das ewige Sein, das kein Entstehen kennt, und was ist das stets Werdende, das nie seiend ist; das eine wird durch ein logisches Denken erfasst und ist sich stets selbst gleich; das andere dagegen kann durch eine a-logische Sinneswahrnehmung bloß gemeint werden und ist werdend und vergehend, aber nie wirklich seiend. Ferner muss alles Entstehen aus einer Ursache entstehen. Denn für alles ist es unmöglich ohne Ursache zu entstehen. Wessen Form und Wirkkraft der göttliche Handwerker nun gestaltet, indem er auf das sich stets gleich Verhaltende hinblickt und etwas Derartiges als Vorbild benutzt, das muss zwangsläufig insgesamt schön gestaltet werden, wessen Form und Kraft er jedoch gestaltet, indem er auf das Gewordene hinschaut und indem er ein Gewordenes als Vorbild benutzt, das nicht schön.«[6]

In einem seiner späten Dialoge lässt Platon unter dem Titel *Timaios* den gleichnamigen Protagonisten eine umfassende Kosmologie ˣ vortragen, in dessen Zentrum die Frage nach der Erschaffungsweise der Welt steht. Zwei der wesentlichen Punkte für das platonische Erklärungsmodell werden in dem Zitat angesprochen, die sich nicht allein innerhalb der Philosophiegeschichte als traditionsbildend erwiesen haben, sondern die auch für das Selbstverständnis des Designs erhellende Anknüpfungspunkte bieten. Platon entwirft gewissermaßen eine Gestaltungsphilosophie des Kosmos.

x
Kosmologie
Lehre vom Universum als Ganzem. Das altgriechische Wort »kosmos« bedeutet zugleich »Schmuck«.

Die platonische Erörterung der Weltentstehung stützt sich auf eine fundamentale Zweiteilung, die ein ewiges, mit sich selbst gleiches Sein einem sich wandelnden Werden entgegensetzt. Diese Zweiteilung alles Existierenden in zwei Sphären hat in der Philosophie Schule gemacht, indem ihr gleichzeitig eine Zweiteilung in den Erkenntnisweisen korrespondieren soll. Die ontologische ˣ Frage nach dem jeweiligen Sein der Objekte zeigt sich demnach ergänzt durch eine epistemologische ˣ Zuordnung der subjektiven Erkenntnisvermögen.

x
Ontologie
Lehre vom Sein und den Dingen.

x
Epistemologie
Lehre von der Erkenntnis und dem Wissen.

Während allein das Denken die Ideen als ewiges Sein erkennen können soll, bleibe die Sinneswahrnehmung des Menschen den Erscheinungen in ihrem Werden verhaftet. Erst mit Blick auf die ideellen Urbilder im Unterschied zu ihren bloß sinnlichen Abbildern lässt sich nach Platon überhaupt von Erkenntnissen sprechen. Denn erst was als wahre und begründete Meinung x [7] zugleich ewig gilt, kann logisch in dem Sinne genannt werden, dass es nicht von einem auf den nächsten Moment seine Gestalt wechselt und dadurch in einen Widerspruch mit sich selbst gerät.

x
Wahre und begründete Meinung
Platon definiert Wissen als wahre, begründete Meinung. Wissend ist also nicht schon derjenige, der eine wahre Meinung besitzt, wenn er sie nicht gegenüber anderen begründen kann, noch derjenige, der eine begründete Meinung besitzt, wenn er sie nicht auf die eine oder andere Weise bewahrheiten kann.

Nehmen wir etwa einen Baum mit unseren Sinnen wahr, so wissen wir aus Erfahrungen, dass dieser je nach Jahreszeit seine Gestalt wechselt. Manchmal können wir auch unmittelbar beobachten, dass sich ein vergilbtes Blatt von einem Ast löst. Vor unseren Augen vollzieht sich also eine Veränderung, die uns ins Große gerechnet mit der Frage konfrontiert, ob ein Baum ohne seine Blätter noch ein Baum genannt werden könnte. Für gewöhnlich sehen wir darin kein Problem, erkennen wir den Baum doch im Sommer und Winter als denselben Baum wieder. Wollen wir uns aber logisch darüber Rechenschaft ablegen, wie wir überhaupt dazu kamen, beide Eindrücke demselben Baum zuzuschreiben, lässt uns die sinnliche Wahrnehmung im Stich. Denn diese gewährte uns nur für den unmittelbaren Augenblick zu einer bestimmten Zeit, an einem bestimmten Ort die Gewissheit, dass es ein Baum sei, der vor uns steht, wohingegen nach einigen Monaten an derselben Stelle mit einem unterschiedlichen Eindruck zugleich das logische Problem entstünde, ob es sich überhaupt um denselben Baum handelt.

Die sinnliche Wahrnehmung hält also nur für einen flüchtigen Moment fest, was in einem ständigen Werden begriffen ist, und weiß darüber hinaus keine Auskunft zu geben. Dass wir aber überhaupt denselben Baum in seinen unterschiedlichen Zuständen wiederzuerkennen vermögen, setzt nach Platons Einsicht ein beharrliches Drittes voraus, auf das wir die beiden unterschiedlichen Zustände überhaupt als dessen Zustände beziehen können. Dieses Dritte aber ist nach Platon nun nicht der Baum, wie er sich uns im fortwährenden Wandel der sinnlichen Erfahrung darbietet, sondern vielmehr die eine, unveränderliche Idee des Baumes.

Platons Einsicht besteht darin, dass Ideen von Etwas auf andere Weise existieren müssen, als es das jeweilige Etwas in seiner sinnlichen Erfahrung selbst tut. Erst weil wir bereits eine Idee von einem Baum haben, können wir überhaupt bestimmte sinnliche Eindrücke von einem Baum gewonnen haben. Hätten wir diese Idee nicht, würden wir nicht einmal mehr von sinnlich wahrnehmbaren Zuständen desselben Baumes sprechen können. Zugespitzt heißt das für die sinnliche Erfahrung der Welt, dass das eigentliche Sein des Baumes mitnichten sinnlich, sondern allein gedanklich zu erfassen ist. Das Wesen eines jeden Baumes ist seine Idee, seine jeweilige Erscheinung hingegen nur deren Abbild. Der einzig wahre, weil ewig seiende und mit sich selbst identische Baum existiert ausschließlich als Idee. Wir können ihn niemals als solchen sehen, aber haben ihn schon immer gedacht, wenn wir eines seiner Abbilder mit unseren Sinnen wahrnehmen.

Wendet man sich mit diesem Gedanken im Hinterkopf dem zweiten Punkt zu, wird zugleich deutlich, warum Platons Erklärungsmodell Züge einer Gestaltungstheorie aufweist: Platon entwirft den Schöpfer nach dem Bild eines Demiurgen, eines Handwerkers. Nach Platon muss alles eine Ursache haben, soll es überhaupt entstehen können. Dass es sich bei dieser Ursache aber um einen Urheber in der Gestalt eines göttlichen Handwerkers handeln soll, versteht sich nicht von selbst.

Vielmehr braucht es noch einen weiteren Schritt, nämlich denjenigen einer Anthropomorphisierung [x] der Weltentstehung: Die Vorstellung eines göttlichen Schöpfers ist seinerseits nichts anderes als das Abbild eines menschlichen Handwerkers, der mit Kunstfertigkeit zu Werke geht, um der Natur seinen Stempel aufzudrücken. Wenn die göttliche Weltentstehung aber derart vermenschlicht wird, scheint umgekehrt die menschliche Gestaltungsfähigkeit gleichermaßen vergöttlicht zu werden. Was sagt uns das?

x
Anthropomorphismus
Eine Übertragung menschlicher Eigenschaften auf Nichtmenschliches.

x
Designphilosophisches Grundproblem
Wie lassen sich Konzept und Material vermitteln?

Hinter diesem mythischen Erklärungszusammenhang verbirgt sich ein gestalterisches Grundproblem x : Wie soll man mit der Diskrepanz zwischen Idee und Wirklichkeit, das heißt zwischen Konzept und Material umgehen? Platon, so scheint es auf den ersten Blick, löst das Problem dadurch, dass er den Gestalter zu einem allmächtigen Gott erklärt, der sich ausschließlich am Vorbild der Ideen zu orientieren braucht, um ein vollendetes Werk zu schaffen, ohne dass ihm dabei die Widerspenstigkeit des Materials in die Quere käme. Hierin idealisiert Platon buchstäblich das Gestalten und begründet damit wiederum philosophisch eine Tradition, die die Idealität des Konzepts von vorneherein über die Materialität der Ausführung stellt.

Doch nicht alle Konzepte lassen sich in allen Materialen derart problemlos ausformen – insbesondere wenn man nur ein Mensch ist, der mit vergänglichen und widerständigen Stoffen um die Realisation seiner Ideen zu kämpfen hat. Was in diesem Kontext ein wesentliches Problem darstellt, ist der Umstand, dass es sich beim Gestaltungsprozess normalerweise nicht um einen göttlichen Schaffensprozess in der Ewigkeit handelt, sondern in Raum und Zeit. Genau dadurch entsteht aber ein Widerstand, der von der Materialität ausgeht und eine bestimmte Spannung zur Idee beziehungsweise zum Konzept erzeugt.

»Eine dritte [Sorte; Anm. d. Verfassers] aber unterschieden wir früher nicht [...]. Wenn nämlich einer, der alle möglichen Figuren aus Gold gebildet hat, nicht müde würde, jede zu allen anderen umzubilden, jemand aber auf eine derselben hinwiese und fragte, was das doch sei, dann wäre es bezüglich der Wahrheit bei weitem das Sicherste zu sagen: ›Gold‹. [...] Dieselbe Rede gilt nun auch von der Natur, die alle Körper in sich aufnimmt. [...] Nimmt sie doch stets alles auf und hat nie und in schlechterdings keiner Weise eine irgendeinem der Eintretenden ähnliche Gestalt. Denn ihrer Natur nach liegt sie für alle als Prägemasse bereit, die durch die eintretenden Dinge bewegt und gestaltet wird und durch jene bald so, bald anders erscheint.«[8]

Hatte Platon zuvor nur von ideellen und materiellen Vorbildern gesprochen, zwischen denen der göttliche Handwerker wählen sollte, unterdessen sich die buchstäbliche Ausgestaltung wie von selbst ergab, tritt nun eine dritte Größe ins Spiel. An anderer Stelle nennt Platon diese »Prägemasse« ein wundersames »Rüttelgerät«,[9] das den »Prozess des Übergangs«[10] von einer Gestalt zur nächsten allein aus sich heraus besorge, indem es das (Wider-)Spiel der beiden anderen Momente räumlich und zeitlich entfalte.

Platon antizipiert an dieser Stelle durch eine an sich selbst gestaltlose Dimension bereits den Urtyp dessen, was in der ebenso vagen Bedeutung eines Mediums [x] zum Thema einer ganzen Wissenschaft wurde. Dieser namenlose »Raum«,[11] wie Platon ihn mit bloß einem weiteren Namen belegt, ist gleichsam das metaphysische Null- oder Urmedium der (göttlichen) Gestaltung: eine reine Virtualität von Formungen und Materialisationen, die dabei selbst form- und stofflos bleibt, unterdessen sie jedoch die Möglichkeitsbedingung aller Gestaltung darstellt.

x
Bedeutung eines Mediums
Platon war der erste Medientheoretiker avant la lettre.

Für Platon und einen Großteil der metaphysischen Tradition ist auch der herkömmliche Stoff im Unterschied zu seiner Form zuletzt selbst dadurch noch ein geformter Stoff, dass er seinerseits eine bestimme Gestalt mitbringt, die einer bestimmten Idee entspricht (Gold, Erz, Wachs, Stein etc.). Auch Stoffe sind Formen, die abermals aus Stoffen bestehen und so fort. Erst im fragenden Rückgang auf das Prinzip aller Stoffformen lösen sich die jeweils konkreten Bestimmungen in einer dynamischen Unbestimmtheit auf, von der auch Platon keine Idee mehr hat und die gleichwohl nicht wegzudenken ist. Weder reines Sein noch reines Werden steht diese »Mutter und Aufnehmerin des gewordenen Sichtbaren«[12] gewissermaßen für das Sein-Werden von Konzept und Material, Form und Stoff im Objekt, das wiederum nur für ein ebenso wundersames »Bastard-Denken«[13] des Subjekts weder rein gedanklich noch rein sinnlich erfassbar ist. Als Erfinder des logischen Denkens weist Platon bereits über dessen Grenzen hinaus – nicht zuletzt das macht ihn zu einem Philosophen.

Aristoteles

Lassen wir von hieraus unseren Blick in eine noch ferne Zukunft schweifen, zeichnen sich am Horizont bereits grundlegende Diskussionen gegenwärtiger Gestaltung ab – etwa in Fragen der ästhetischen Erfahrung, eines besonderen Wissens der Künste oder auch selbstorganisierender Stoffe im Computational Design. Mittelfristig werden Neuzeit und Moderne nicht zuletzt durch eine Emanzipation jenes Materialprinzips beziehungsweise des Mediums gegenüber der Idealität des bloßen Konzepts gekennzeichnet sein. Die nahe Zukunft angesichts dieser von Platon losgetretenen Diskussionen um das Verhältnis von Theorie und Praxis gehört jedoch dem zweiten großen Philosophen der klassischen Metaphysik. Wie steht es eigentlich um dieses Verhältnis aus einer ethischen Perspektive?

»Denn, selbst wenn es ›das Gute‹ gäbe, das eines ist und in übergreifender Weise ausgesagt wird oder das getrennt und an sich existierte, so ist doch klar, daß ein solches ›Gut‹ durch menschliches Handeln nicht verwirklicht und auch nicht erreicht werden könnte. [... Die praktischen Künste,] sie alle streben nach ihrem ›Gut‹ und suchen dabei zu verbessern, was an diesem Gut noch mangelhaft ist – die Erkenntnis jenes absoluten Gutes spielt da keine Rolle.«[14]

x
Aristoteles
384–322 v. Chr.
Aristoteles galt in der mittelalterlichen Schulphilosophie, Scholastik, schlicht als der Philosoph und war seinerzeit als Erzieher von Alexander dem Großen am makedonischen Hof angestellt.

Aristoteles **x**, selbst lange Jahre Schüler Platons, eignete sich nicht nur dessen philosophische Grundannahmen auf kritische Weise an, sondern erweiterte den platonischen Idealismus in nicht geringem Maß um eine Vielzahl lebenspraktischer und empirisch-wissenschaftlicher Materien. Während Platons Wissenskonzept in besonderem Maß einem Bildungsprogramm verpflichtet zu sein schien, das zuletzt die Erhebung der Seele über den Kerker ihres Körpers zum Ziel hatte, findet sich bei Aristoteles hingegen ein Hang dazu, auch die Erscheinungswelt in ihren mannigfaltigen Gestalten gelten zu lassen, um sie zu ergründen und wissenschaftlich zu systematisieren.

Dass Aristoteles hierbei auch nicht vor Kritik an seinem Lehrer zurückschreckte, deutet neben obigem Zitat ein sprichwörtlich gewordener Kommentar zur Ideenlehre Platons und deren Tauglichkeit für das alltägliche Geschäft der Künste bereits an: »Amicus Plato, sed magis amica veritas.«[15] In dieser Hinsicht erweist sich Aristoteles als ein unbeirrbarer Pragmatist: Probleme sind dort aufzusuchen und auch zu lösen, wo man überhaupt Antworten finden kann; und manchmal verstellen allzu abstrakte Fragen gerade die konkreten Antworten. So auch im Fall der Frage nach dem »höchsten Gut«.[16]

Ausgangspunkt einer Klärung dieser Frage kann nicht eine anspruchsvolle spekulative Theorie sein, sondern allein die vorfindliche Praxis. Erst deren problemsensible Deskription garantiert eine lösungsorientierte Argumentation sowie eine lebenstaugliche Anwendung der Erkenntnisse. Denn wie Aristoteles weiß, lässt sich nicht jedes potenzielle Wissensgebiet mit der Strenge eines mathematischen Beweisverfahrens erschließen. Stattdessen ist beizeiten nur ein mehr oder weniger wohlbegründetes Meinen oder Vermuten der höchste Maßstab der Erkenntnis. In manchen Fällen zählt am Ende gar das erzielte Knowing-that ˣ im Sinne ausweisbarer Erkenntnisse und Definitionen weniger als das gewonnene Knowing-how ˣ im Sinne einer optimierten Praxis. Nach Aristoteles streben eben alle praktischen Künste »nach ihrem ›Gut‹ und suchen dabei zu verbessern, was an diesem Gut noch mangelhaft ist«. Doch was ist ihr jeweiliges Gut? Gibt es nur ein jeweiliges Gut oder doch auch ein höchstes Gut? Und wenn Letzteres der Fall ist, was hieße das für die Praxis der jeweiligen Künste?

»Jedes praktische Können und jede wissenschaftliche Untersuchung, ebenso alles Handeln und Wählen strebt nach einem Gut [...]. Daher die richtige Bestimmung von ›Gut‹ als ›das Ziel, zu dem alles strebt‹. Dabei zeigt sich aber ein Unterschied zwischen Ziel und Ziel: das eine Mal ist es das reine Tätig-sein, das andere Mal darüber hinaus das Ergebnis des Tätig-seins: das Werk.«[17]

x
Knowing-that und Knowing-how
Manchmal reicht nicht aus zu wissen, was etwas ist, man muss es können – etwa beim Schwimmen. Der britische Philosoph Gilbert Ryle (1900-1976) etablierte im 20. Jahrhundert diese Unterscheidung, um dem intellektualistischen Missverständnis vorzubeugen, dass jeder praktischen Handlung eine theoretische Abwägung vorausgehen müsse.

Mit den ersten Sätzen der *Nikomachischen Ethik* profiliert Aristoteles eine Grundunterscheidung, die bis heute in Geltung ist. Die selbstgestellte Aufgabe dieser Ethik besteht in der Bestimmung des höchsten Gutes als des letztgültigen Ziels menschlichen Strebens. Wie Aristoteles aber sogleich bemerkt, lässt sich jede Tätigkeit einer von zwei Klassen zuordnen: Das eine Mal liegt das Ziel außerhalb der Tätigkeit selbst, die somit nur als ein Mittel dient, ein bestimmtes Ziel oder einen bestimmen Zweck zu erreichen. Dieses ergebnisorientierte Herstellen versieht Aristoteles mit dem griechischen Ausdruck »poiesis«. Das andere Mal ist es das Tätig-Sein selbst, auf das die Tätigkeit abzweckt. Sie ist gewissermaßen das Mittel zum eigenen Zweck und in diesem Sinne ein Selbstzweck, sodass Aristoteles hierbei von »praxis« spricht, dem Handeln. Beide Tätigkeitsweisen stehen für ein jeweiliges Gut und seien, wie Aristoteles an späterer Stelle bemerkt, strikt voneinander zu trennen.[18]

An derselben Stelle ergänzt Aristoteles diese Unterscheidung noch um einen weiteren wichtigen Begriff: »Nun gibt es ja die Fähigkeit des Bauens. Das ist ein praktisches Können (techne), seinem Wesen nach ein auf das Hervorbringen abzielendes reflektierendes Verhalten [...].«[19] Technik im antiken Verständnis von »techne« meint eine Kunstfertigkeit, etwas herzustellen – also Poiesis – und scheint damit losgelöst von jedem Selbstzweck, wie er dagegen für menschliche Handlungen kennzeichnend sein soll.

x
Instrumentelle Vernunft
Gemeint ist nach Max Horkheimer eine technizistische Zweck-Mittel-Rationalität, die moralische Bewertungen neutralisiert.

In dieser Gleichsetzung findet sich bereits der Ansatzpunkt für die spätere Kritik einer bloß instrumentellen Vernunft x.[20] Und im Zuge dessen sollte auch die moderne Frage nach dem Design im Unterschied zur Kunst von dieser Unterscheidung nicht unberührt bleiben: Ist das Design nicht eine bloße Poiesis – während die bildende Kunst zumindest versucht, ihre Werke, auf die sie abzielt (wenn sie sich denn überhaupt noch als Werkkunst versteht), als eine (kritische) Praxis innerhalb der menschlichen Handlungszusammenhänge zu etablieren? Wir werden uns dieser Problematik an entsprechender Stelle noch widmen.

Letztlich zeigt sich aber schon bei Aristoteles, inwiefern die Unterscheidung zwischen Praxis und Poiesis zugleich um die ethische Frage nach dem höchsten Gut kreist: Welches der beiden Güter ist das bessere Gut? Für Aristoteles scheint die Antwort zunächst klar: »Wo es Ziele über das Tätig-sein hinaus gibt, da ist das Ergebnis naturgemäß wertvoller als das bloße Tätig-sein.«[21] Bei genauerem Hinsehen stellt sich jedoch heraus, dass dem »zu guter Letzt« gerade nicht so ist. Denn im Hintergrund der aristotelischen Überlegungen zur Poiesis und Praxis steht eine Güter-Hierarchie verschiedener Tätigkeitsbereiche, die pyramidal auf eine bestimme »Kunst« zuläuft: »Überall nun, wo solche Künste einem bestimmten Bereich untergeordnet sind [...], da ist durchweg das Ziel der übergeordneten Kunst höheren Ranges als das der untergeordneten: um des ersteren willen wird ja das letztere verfolgt.«[22] Wie sähe aber jener übergeordnete »Bereich« aus, dem alle menschliche Poiesis und Praxis untergeordnet bliebe?

»Als solche aber erweist sich die Staatskunst. Sie nämlich setzt fest, welche Formen praktischen Könnens in den einzelnen Gemeinwesen unbedingt vertreten sein sollen [...]. Da sie es also ist, die sich der übrigen praktischen Künste als Mittel bedient und dazu noch gesetzgeberisch bestimmt, was zu tun und was zu lassen sei, so umfaßt ihr Endziel die Ziele aller anderen und dieses ihr Ziel ist daher für den Menschen das oberste Gut.«[23]

Staatskunst

Die Staatskunst hat die Aufgabe, eine Ordnung zu etablieren, in der die unterschiedlichen Künste gemäß ihren Mitteln und Zwecken, Prozessen und Resultaten sich zu einem funktionierenden Ganzen organisieren. Mit anderen Worten ist es die Politik, die das lose Gefüge der unterschiedlichen »praktischen Künste« zu einem einheitlichen Gemeinwesen, zur aristotelischen Polis x gestaltet. Doch geschieht dies nun durch eine Poiesis oder durch eine Praxis der Staatskunst?

x
Polis
Der klassisch-griechische Stadtstaat unterscheidete sich vom modernen Staat nicht zuletzt durch seine spezielle Größe zwischen dörflich-familiärer Vertrautheit und urbaner Anonymität.

Die Staatskunst ist zwar allen anderen Künsten übergeordnetes Ziel, doch nicht einfach eine selbstzweckhafte Praxis, sondern gleichermaßen eine Poiesis. Auch sie hat noch ein Ziel, das für den Menschen zugleich das »oberste Gut« sein soll. Dieses oberste Gut ist, wie Aristoteles an anderer Stelle offenlegt, das geglückte Leben, das heißt ein Leben, in dem alle menschlichen Tugenden in ihrer Bestform zur Geltung kommen können, ein Leben nach der »areté«.[24] Die Staatskunst scheint für diese Auffassung eines geglückten Lebens gerade dadurch prädestiniert, dass ihr einerseits die nötigen Mittel zur Verfügung stehen, das tugendhafte Glück aller anderen gedeihen zu lassen, und dass andererseits ihre Ausübung im Sinne einer Praxis zugleich mit einem hohen Maß an selbstzweckhafter Erfüllung einhergeht. Das Staatsoberhaupt genießt selbst ein außergewöhnliches Glück in der praktischen Ermöglichung des Glückes der anderen Bürger. Die Staatskunst ist Gut-Handeln an sich, »eu prattein« x.

x
Eu prattein
Für Aristoteles ist das Überleben zwar Ursache der Staatenbildung, jedoch nicht ihr letztgültiger Zweck.

Ausgehend von diesen Ausführungen lässt sich behaupten, dass Poiesis und Praxis nicht in jedem Fall strikt entgegengesetzte Tätigkeitsweisen sind, sondern manchmal nur unterschiedliche Perspektiven auf das eigentliche Glück des Menschen darstellen, seine tugendhafte Natur im höchsten Maß zu entfalten. Bei der Akkordarbeit ist dies wohl kaum der Fall. Doch manchmal erweist sich gerade eine mögliche Akzentsetzung als entscheidend: Die eigene Tätigkeit kann nicht nur nützlich sein, sondern sowohl Freude bereiten als auch an sich gut ausgeführt sein; bisweilen ist es gerade die eigene Nützlichkeit (für einen selbst oder die Gemeinschaft) sowie die Perfektion der eigene Kunstfertigkeit, die Freude bereitet.

Doch diese Perspektive ist womöglich bereits zu modern. Aristoteles wäre nicht der Philosoph einer Sklavenhaltergesellschaft,[25] wenn er nicht zuletzt dem vollkommenen Müßiggang als reiner Praxis den Rang des obersten Gutes zusprechen würde. Auch der Politiker – als Vollendungsform des praktischen Lebens (»bios praktikos«) – scheint noch zu sehr auf das Wohlwollen der anderen angewiesen, da er sich mit deren Belangen auseinanderzusetzen hat. Erst wo jede äußere Verpflichtung von der Tätigkeit des Menschen abfällt und er sich ganz und gar der eigenen Vervollkommnung zu widmen vermag, erst dort macht der Mensch das Maß seiner möglichen Glückseligkeit voll: »das oberste dem Menschen erreichbare Gut stellt sich dar als ein Tätigsein der Seele im Sinne der ihr wesenhaften Tüchtigkeit (arete). Gibt es aber mehrere Formen wesenhafter Tüchtigkeit, dann im Sinne der vorzüglichsten und vollendetsten«,[26] will sagen: im Sinne des »bios theoretikos«, im Sinne einer philosophischen Lebensführung.[27]

»Wenn nun unter den hochwertigen Tätigkeiten das Handeln im öffentlichen Leben und im Krieg durch Glanz und Größe zwar hervorragt, aber der Muße entbehrt, nach einem (außerhalb liegenden) Ziel strebt und nicht an sich wählenswert scheint, und wenn andererseits gilt, daß das Tätig-sein des Geistes, als ein Akt des Schauens, durch seine ernste Würde sich auszeichnet, nach keinem außerhalb gelegenen Ziel strebt, ferner vollendete Lust – die ihrerseits wieder die Tätigkeit intensiviert – wesensmäßig in sich schließt; und wenn das Selbstgenügsame, das Ruhevolle, und, innerhalb der menschlichen Grenzen, das Unermüdbare und alles, was sonst noch dem Menschen auf der Höhe des Glücks zugeschrieben wird, an diesem Tätig-sein in Erscheinung tritt, so folgt, daß dieses Tätig-sein das vollendete Menschenglück darstellt [...]«[28]

Warum dieser »bios theoretikos« aber als die höchste Form von Praxis zu gelten habe, beantwortet sich durch seine Ähnlichkeit mit der aristotelischen Gottheit, einem sich-selbst-denkenden Denken (»noesis noeseos«),[29] an dem allein die philosophische Reflexion als geistige Schau [x] Anteil haben soll: »So muß denn das Wirken der Gottheit, ausgezeichnet durch höchste Seligkeit, ein reines Schauen sein. Und folglich hat jenes menschliche Tun, das dem Wirken der Gottheit am nächsten kommt, am meisten vom Wesen des Glückes in sich.«[30]

x
Geistige Schau
Für Aristoteles ist philosophische Muße die höchste Praxis. In der Phase des deutschen Idealismus um 1800 erlebt dieses Konzept eine Renaissance im Begriff der »intellektuellen Anschauung«.

Doch dieses Glück ist bereits derart übermenschlich, dass die Grenze zu den Göttern verwischt. Aristoteles weiß dagegen, dass der Philosoph als Mensch auf seine Polis angewiesen bleibt und damit auf die Tugendhaftigkeit der Nicht-Philosophen im Sinne des »bios praktikos«. Erst die gesamte Polis inklusive des Staatsoberhaupts stellt die Bedingung dafür bereit, dass sich der »bios theoretikos« als die gelungenste Lebensweise entfalten kann.

Die Frage scheint sich dann aber geradezu aufzudrängen, welchen Beitrag die Philosophie wiederum für die Polis zu leisten vermag. Ungeachtet der speziell wissenschaftlichen Erkenntnisse, die sich bei Aristoteles zuhauf finden, fällt die Antwort auf den ersten Blick eher ernüchternd aus: eigentlich keinen, was die unmittelbaren Staatsgeschäfte oder die Güterherstellung betrifft. Wenn die Philosophie zu etwas nütze scheint, dann allein zur Bildung des Einzelnen, zur Schulung seines Geistes, seines Charakters und nicht zuletzt auch zur Schulung seiner Glücksfähigkeit.

Doch ist das eigentlich nichts? Uns Heutigen scheint sich vielmehr das entgegengesetzte Problem eines besinnungslosen Arbeitswillens zu stellen.[31] So kann man auf den zweiten Blick in Sachen Müßiggang von Aristoteles womöglich noch etwas lernen. Was uns von einer antiken Sklavengesellschaft dabei unterscheidet, ist der Umstand, dass wir der Sklaverei nicht mehr offensichtlich begegnen, weil sie in die dritte Welt outgesourct wurde oder prekäre Selbstausbeutung bisweilen mit bedingungsloser Kreativität verwechselt wird.[32]

Dagegen scheinen die neueren Technologien zumindest in Aussicht zu stellen, uns von unnötigen Mühen zu befreien, verstünden wir uns denn darauf, einer endzwecklosen Arbeitsgesellschaft endlich ein Ziel zu setzen, eben ihr Ende. Ein paradoxer Zweck: an der Abschaffung unnötiger Arbeit zu arbeiten – doch vielleicht der Hauptzweck des Designs.

So kann man philosophisch darüber staunen, warum es gerade heute noch so schwer fallen will, sich eine Welt ohne den primitiven Primat der Arbeit vorzustellen. Ein erster Schritt, der mentalen und materiellen Sklaverei zu entkommen, war bereits die Selbstmechanisierung der Moderne – leider mit in gewissen Hinsichten eher kontraproduktiven Konsequenzen. Wie könnte man es aber dahin bringen, gleichsam mit dem Kopf zu gestalten und den Händen zu denken? Fehlte es bei allem gestalterischen Können zuletzt womöglich an philosophischer Lebenskunst?

Jede Disziplin hat ihre Attitüden. Für Jahrhunderte galt die Philosophie als eine Lebenskunst, die ihre Schüler zur Weisheit führen und den inneren Frieden finden lassen sollte. Doch in Zeiten eines weltumspannenden Imperiums führen viele Wege nach Rom. Unterschiedliche Menschen entwickeln unterschiedliche Haltungen gegenüber derselben Sache – so auch in der Philosophie. Allein, ein wesentlicher Unterschied besteht darin, dass es in Sachen philosophischer Lebenskunst letztlich auf die jeweilige Haltung gegenüber der Philosophie selbst ankommt – nicht anders in Fragen gestalterischer Lebenspraxis.

Philosophie als Lebenskunst

Schon Platon hatte sich von der Person des Sokrates inspirieren lassen. Doch Sokrates sollte noch weitere Anhänger finden, die vor allem auf die lebenspraktischen Konsequenzen seiner Philosophie ihr Augenmerk legten und seinen bedürfnislosen Lebenswandel zum Vorbild erhoben. Was sich schon im Verhältnis von Aristoteles zu seinem Lehrer Platon der Tendenz nach abzeichnete, wird bei den nachklassischen Philosophenschulen zum Programm: Das Bedürfnis nach metaphysischen Welterklärungen setzt zwar nicht gänzlich aus, tritt aber in den Hintergrund gegenüber der Frage nach einem gelungenen Leben im Hier und Jetzt. Philosophie wird zu einer Frage der Lebenskunst x aufgeklärter und autarker Geister.[33]

x
Lebenskunst
Der Mensch ist dasjenige Lebewesen, das nicht einfach lebt, sondern sein Leben im Wesentlichen führen muss. Die Frage, wie dies am besten geschehen könnte, verlangt wie alle freie Natur nach einer Kunst der Kultivierung.

Erstaunlicherweise sollte gerade diesem Ansatz ein beträchtlicher und andauernder Einfluss innerhalb mehrerer Jahrhunderte beschieden sein. Vor allem politische Gründe scheinen dabei eine Rolle gespielt zu haben, die mit dem Untergang der republikanischen Stadtstaaten in Griechenland und dem Heraufziehen des Alexandrinischen und Römischen Imperialismus zu tun haben. Hatte die klassische Metaphysik mit ihrem Anspruch logischer Rechtfertigung von Handeln und Denken jeden Einzelnen gewissermaßen vor der Versammlung aller vernünftigen Bürger in die Verantwortung gerufen, schien mit den geradezu globalen Verwaltungsstaaten, als die sich jene Imperien allein behaupten konnten, die politische Partizipation des Einzelnen vernachlässigbar. Politik war nicht mehr die Aufgabe einer Polis von Verwandten und Bekannten, sondern das Macht- und Militärgeschäft einer herrschaftlichen Elite in ihrem Ausgriff auf das Ganze der damaligen Welt.

Wollte sich die Philosophie diesem weltlichen Herrschaftskult nicht anbiedern, wurde sie dagegen zur Privatangelegenheit. Im Regelfall handelte es sich bei den hellenistischen Philosophen um Freie oder Freigelassene, deren aufgeklärte Intellektualität es ihnen erschwerte, sich mit den überlieferten oder neu entstehenden Religionen zu identifizieren, und die dennoch nach einer über das bloße Erdendasein erhabene Lebensführung suchten.

Vier philosophische Lebenshaltungen haben sich ausgehend von Sokrates dabei herauskristallisiert: Kynismus, Hedonismus, Stoizismus und Skeptizismus. Wie bereits angedeutet, standen diese Schulen einerseits in Konkurrenz zur platonischen Berufung auf Sokrates, andererseits aber auch zueinander, wo es um die Klärung der Frage ging, auf welche Weise ein gelungenes Leben überhaupt zu denken und in die Tat umzusetzen sei. Dessen ungeachtet waren sie sich in einem Punkt jedoch einig: Alle sahen die weiseste Strategie in einem eigentlich nie siegreich zu endenden Kampf gegen die Widrigkeiten des Lebens in der Gewinnung stattdessen einer persönlichen Seelenruhe und Seelenstärke.[34]

Kynismus (DIY)

x
Antisthenes
445–365 v. Chr.
Die meiste Zeit lebte er in Athen und galt seinen Zeitgenossen als einer der berühmtesten Philosophen.

x
Gorgias von Leontinoi zwischen 490 und 485 – zwischen 396 und 380 v. Chr.
Als Sophist war er vor allem für seine These bekannt, dass nichts existiere und folglich auch nichts erkennbar sei.

x
Diogenes von Sinope vermutlich um 410 – vermutlich 323 v. Chr.
Die Bezeichnung Kyniker leitet sich von »kynikos« (altgriechisch für »hündisch«) ab.

x
Alexander III. von Makedonien, genannt »Alexander der Große« 356–323 v. Chr.
Er galt bereits zu Lebzeiten als größter Feldherr und Eroberer der Geschichte, der über ein die damalige Welt umspannendes Imperium herrschte.

Bereits bei seinem Gründer Antisthenes x zeigt sich eine eigentümliche Frontstellung nicht nur gegen seinen Rivalen Platon, sondern auch gegen eine Philosophie überhaupt, die eine metaphysische Begründung eines gelungenen Lebens intendiert: Zunächst Schüler des Sophisten Gorgias x und später des Sokrates leugnete Antisthenes schlicht die Existenz der platonischen Ideen und erklärte die Bedürfnislosigkeit zur einzig wahren und jedem zugänglichen Tugend.

Inwiefern bei Antisthenes jedoch Anspruch und Erfüllung auseinanderklaffen, wird erst an seinem unmittelbaren, geradezu legendären Schüler deutlich, der zur Ikone des selbstgenügsamen Philosophen wurde: Die Rede ist von Diogenes von Sinope oder besser bekannt auch als Diogenes im Fass x , der vergleichbar einem Hund sein Leben geführt haben soll.

Diogenes trieb das sokratische Streben nach Bedürfnislosigkeit und Selbstgenügsamkeit noch auf die Spitze, indem er sein Leben als ein rigoroser Moralist und Asket zubrachte, der weder unterrichtete noch schrieb. Von ihm sind vor allem Anekdoten überliefert, die ihn als einen geistreichen, aber auch bissigen Kritiker und Kommentatoren seiner Zeitgenossen ausweisen. Lebensweise und öffentliche Provokationen brachten ihm den legendären Ruf eines Philsosophen ein, der sein Dasein zwischen Obdachlosigkeit und Weltbürgertum fristete. Eine der bekanntesten Erzählungen ist diejenige, in der Diogenes Alexander dem Großen x begegnet. Dieser hatte von ihm gehört und war von dessen Art derart beeindruckt, dass er ihm einen freien Wunsch gestattete. Die Antwort des Diogenes ist durch ihre Ehrlichkeit, Bedürfnislosigkeit, aber auch Respektlosigkeit noch heute ein geflügeltes Wort: »Geh' mir aus der Sonne!«[35]

Bei genauerem Hinsehen lässt sich an diesem Aufeinandertreffen jedoch ein Verhältnis zwischen anerkennungsbedürftiger Macht und selbstgenügsamer Ohnmacht ausmachen, das sich in demjenigen zwischen Herrscher und Hofnarr widerspiegelt: Da Diogenes gerade nicht zu den Bedürftigen zählen wollte, sondern seine zur Schau gestellte Armut stattdessen als eine Provokation kalkulierte, die vor allem die Pracht und Machtfülle eines Alexander herausfordern musste, scheint die Gestattung eines freien Wunsches weniger der Generosität Alexanders als vielmehr dessen Machtinstinkt geschuldet. Diogenes geht auf das Angebot ein, indem er es zugleich zurückweist. Indem er Alexander nur als einen Schatten der Sonne darstellt, kritisiert er nicht nur symbolisch dessen Bedeutung, sondern setzt die Natur der Bedürfnisse gleichsam über die Kunst ihrer Befriedigung. Diogenes will einfach in Frieden gelassen und seinen natürlichen Bedürfnissen überlassen werden, für deren Befriedigung die Natur selbst einsteht.

Andererseits mag der Genuss dieser köstlichen Erwiderung für Diogenes gerade jene Kost gewesen sein, um die sein asketisches Leben inmitten einer sinnenfreudigen Metropole doch zu betteln schien. Denn insgeheim bleibt die Selbstgenügsamkeit des Diogenes nicht gänzlich frei von dem Wunsch, als solche von den anderen überhaupt wahrgenommen und anerkannt zu werden. Naive Macht und kritische Ohnmacht scheinen sich hier also wechselseitig auf das Anschaulichste zu bestätigen.

Eine weitere Anekdote macht hingegen deutlich, welche Konsequenzen diese philosophische Haltung wiederum für das Design mit sich bringt: »Einmal sah er ein Kind, das aus den Händen trank; da warf er den Becher aus seinem Rucksack weg und bemerkte: ›Ein Kind hat mich in der Genügsamkeit übertroffen.‹«[36]

x
Rousseauismen
Auf den Philosophen Jean-Jacques Rousseau zurückgehende Behauptung, dass erst die Zivilisierung eine an sich gute Natur des Menschen verderbe.

x
Do-it-yourself-Bewegung
Kommerzkritische Einstellung, die auf eine möglichst autarke Bestreitung und Gestaltung des Alltags setzt.

Manche gestalterischen Rousseauismen x wie etwa die radikalen Auswüchse der Do-it-yourself-Bewegung x mögen hierin ihre Bestätigung finden. Gleichwohl bleibt der fade Nachgeschmack, dass dort am Ende gar nicht mehr von einem Design die Rede sein könnte, wo zuletzt die natürliche Unschuld des Kindes zum Lehrmeister des erwachsenen Weisen wird. Freilich kann man auch allein mit den Händen Wasser schöpfen und es bedürfte erst gar nicht eines Bechers, mithin auch keines wirklichen Gestaltungsprodukts; doch damit würde wohl kaum der Durst einer Masse von Menschen gestillt werden können, was die Verschwendung der Ressourcen, die Funktionalität, aber auch den Komfort anbelangt.

Es gibt einen Grad, bei dem eine in der Einfachheit gesuchte Selbstgenügsamkeit geradewegs in die kindliche Einfalt übergeht, Mutter Natur habe schon für die bestmöglichen Werkzeuge zur Bedürfnisbefriedigung des Menschen Sorge getragen. Doch manchmal gehört es gerade zur Selbstgenügsamkeit des Menschen, sich dieser vermeintlichen Mutterbrust Natur zu entwöhnen und erwachsen zu werden: Der Mensch ist ein Mängelwesen; es gehört zu seiner Natur, sie gerade zu kompensieren.[37]

Die Stärke und zugleich Schwäche des Kynismus besteht darin, dass er die Ausnahme zu einer Regel bildet, die er am Schluss doch nur zu bestätigen, statt zu beseitigen vermag. Die Selbstgenügsamkeit des Diogenes bedarf als Kritik selbst wiederum des Kritisierten, um überhaupt zu einer Haltung zu werden. Haltung und Verhalten sind im Wesentlichen reaktiv. Erst durch die Prunkentfaltung seiner Zeitgenossen kann Diogenes insgeheim und gleichsam selbstgenügsam genießen, dass er selbst nicht genießen zu müssen meint.

Hedonismus (Luxusdesign)

Eine dem Kynismus diametral entgegengesetzte Auffassung vertritt Epikur von Samos ˣ. Er war der Begründer einer Schule, die sich gerade dem bewussten Lustgewinn im Leben ˣ verschrieben hatte. Involviert waren dabei nicht nur die körperlichen Bedürfnisse wie die Wollust, sondern gleichermaßen auch geistige Freuden wie die Freundschaft. Epikur hat es Zeit seines Lebens vermocht, eine Gemeinde von Jüngern um sich zu scharen, die ihn wie einen Guru verehrte.

Epikur gilt auch als der erste, der seinen Anhängern Lehrsätze mit auf den Weg gab. Diese Dogmatisierung der Philosophie war für die Zeitgenossen etwas Außergewöhnliches, denn die erlangten Erkenntnisse schienen damit nicht mehr aus der tieferen Einsicht des Einzelnen gewonnen, sondern sich aus einer allgemeinen Einstellung gegenüber dem Leben herauszubilden, die in ihrer Massentauglichkeit und ihrem einfachen Zuschnitt gleichwohl einmalig erschien. Mit Epikur begann die Popularisierung der Philosophie als einer Lebensschule mit anschaulichen Beispielen, einfachen Lehrsätzen und einer absolut konsensfähigen Grundüberzeugung: die Lust als das wahre Gut des menschlichen Lebens.[38]

Folglich ist der Hauptvorwurf gegenüber dem Hedonismus jener einer besinnungslosen Lustmaximierung. Epikur muss bis heute dafür herhalten, einem Leben in verschwenderischem Luxus die höheren, philosophischen Weihen zu verleihen. Geht es in der hedonistischen Philosophie denn nicht einfach um die Kunst, das Beste aus dem Leben zu machen und dementsprechend auch das eigene Lustempfinden zu steigern? Und hüllt nicht genauso das Design das alte Einerlei lediglich in neue reizvolle Gestalten, um das Bedürfnis nach weiteren Ergötzungen nie erlöschen zu lassen?

x
Epikur
um 341–271/270 v. Chr.
Man versammelte sich nicht auf der Agora, sondern zurückgezogen in Epikurs Garten. Seine äußerst erfolgreiche Lehre gehört zu den wenigen, die eher unter- als überschätzt werden.

x
Lustgewinn im Leben
Jene Tradition des Epikureismus ist auch unter der Bezeichnung Hedonismus bekannt und geht dabei auf das altgriechische Wort »hedone« zurück, was übersetzt so viel bedeutet wie »Lust« oder »Freude«.

x
Hedonistisches Design
Luxus-Design macht das Design im weitesten Sinne selbst zu einem Luxus der bloßen Selbstzweckhaftigkeit. Luxusgüter sind vor allem für den Luxus gut.

Epikurs Antwort auf diese Fragen einer hedonistischen Philosophie (und eines hedonistischen Designs x) fällt dagegen vernichtend aus: Wollte man die Lustmaximierung auf dem Weg des Luxus suchen, könnte man mit höchster Wahrscheinlichkeit davon ausgehen, bald eher zu den Unglücklichen der menschlichen Gattung zu zählen:

»Auch die Genügsamkeit halten wir für ein großes Gut, nicht, um uns in jedem Fall mit wenigem zu begnügen, sondern um, wenn wir nicht die Hülle und Fülle haben, uns mit dem wenigen zufriedenzugeben in der richtigen Überzeugung, daß diejenigen den Überfluß mit der stärksten Lustwirkung genießen, die desselben am wenigsten bedürfen, und daß alles Naturgemäße leicht zu beschaffen, das Eitle aber schwer zu beschaffen ist. [...] Wenn wir also die Lust als das Endziel hinstellen, so meinen wir damit nicht die Lüste der Schlemmer und solche, die in nichts als dem Genusse selbst bestehen [...], sondern das Freisein von körperlichem Schmerz und von Störung der Seelenruhe.«[39]

Anders als die Kyniker schließt Epikur den Genuss von Luxusgütern nicht aus, gibt aber zu bedenken, dass in den seltensten Fällen die Befriedigung solcher Bedürfnisse auf Dauer zu stellen ist. Kommt es zu einer Verwehrung der angewöhnten Lüste, mag der Betroffene im Nachhinein mehr Schmerz darüber empfinden, was ihm nunmehr entzogen ist, als er durch seine einstige Wunscherfüllung erfahren hat. Auch hier gilt die Seelenruhe, vor allem aber die Vermeidung von Schmerzen, als die eigentliche Kunst, wobei auf dieser Basis zudem erst eine angemessene Einschätzung sowie auch Wertschätzung reiner Genussgüter möglich sein soll. Denn die größte Gefahr besteht für den Menschen darin, sich zum Sklaven seiner Lust zu machen, anstatt als ihr Herr frei über sie zu verfügen. Am deutlichsten wird diese Lebenshaltung gegenüber der Frage des Todes:

»Das angeblich schaurigste aller Übel also, der Tod, hat für uns keine Bedeutung; denn solange wir noch da sind, ist der Tod nicht da; stellt sich aber der Tod ein, so sind wir nicht mehr da. [...] Die große Menge indes scheut bald den Tod als das größte Übel, bald sieht sie in ihm eine Erholung von den Mühseligkeiten des Lebens. Der Weise hingegen weist weder das Leben von sich noch hat er Angst davor, nicht zu leben. Denn weder ist ihm das Leben zuwider, noch hält er es für ein Übel, nicht zu leben. Wie er sich aber bei der Wahl der Speise nicht für die grössere Masse, sondern für den Wohlgeschmack entscheidet, so kommt es ihm auch nicht darauf an, die Zeit in möglichster Länge, sondern in möglichst erfreulicher Fruchtbarkeit zu genießen.«[40]

Etwas Anstößiges scheint den Lehren Epikurs anzuhaften, wo dieser sich keiner höheren Macht mehr verpflichtet wissen will als seinem eigenen Wohlergehen. Auch die Frage des Todes ist für ihn nur insoweit von Bedeutung, als es sich im Leben darüber zu beruhigen gilt, dass sie letztlich gar keine Bedeutung für das Leben hat. Nach dem Leben ist vor dem Leben, so scheinen es die Geburt und der Tod nahezulegen. Was in diesen Bereich fällt, liegt außerhalb einer philosophischen Lebenskunst im engeren Sinne.

Folglich ist auch das Leben an sich kein absoluter Wert, sondern eben gerade so viel wert, wie nicht geboren zu sein. So kann es auch nicht darum gehen, es allein um seiner selbst willen zu bejahen, sondern lediglich wegen seiner Erfüllung. Darin liegt aber der eigentliche Luxus, gewissermaßen das Verschwenderische des Hedonismus: Das Leben ist nur als ein Mittel zum Zweck der Lust gerechtfertigt, und sollte es einmal in einem unerträglichen Grade zur Verdrießlichkeit werden, was spräche dann noch dagegen, sich seiner zu entledigen?

Diese Abgeklärtheit mag auch heute noch verwundern. Immerhin wird das komplette christliche Mittelalter den Selbstmord als eine Sünde gegen Gott verdammen: Ist der Mensch doch nicht sein eigener Schöpfer, sondern lediglich die Kreatur oder deutlicher gesagt, das Kind seines Vaters beziehungsweise der Sklave seines Meisters. Epikur dagegen scheint diese Vorstellung für einen Kinderschreck zu halten, der wiederum die Angst vergessen machen soll, dass das Leben eben kommt und geht. Solange der Mensch aber auf dieser Erde umherwandert, mag er sich das Leben so einrichten, dass es sich in erster Linie ihm selbst und nicht Gott, der Natur oder irgendeiner anderen höheren Autorität gefällig erweist.

Angewandt auf Fragen des Designs scheint diese Haltung heute mehr an Bedeutung gewonnen zu haben, als uns meist bewusst oder lieb ist. Nicht nur das Leben, sondern schon seine Erhaltung wird zu einer abgeklärten Designfrage. Wo Epikur aber noch auf einen wohl eingerichteten Kosmos vertrauen konnte und diese Überzeugung ihm davor gerade abriet, umfangreichere Veränderungen der Umwelt [x] zu erstreben, dort scheinen wir heute gerade dazu genötigt, dieses nunmehr kleinere Übel in Kauf zu nehmen. Wobei in Zukunft nicht unbedingt in Aussicht steht, dass uns überhaupt noch eine Lust winkt. Ein falsch verstandener Hedonismus der Vergangenheit hat es dazu gebracht, dass wir uns heute bereits um die bloße Vermeidung oder Milderung von Schmerzen sorgen müssen. Doch wie Epikur schon wusste, ist Schmerzminderung in manchen Situationen die letzte verbleibende Lust und die damit einkehrende Seelenruhe womöglich eine erträgliche Vorahnung des baldigen ewigen Friedens ...

x **Veränderungen der Umwelt** So beispielsweise im Fall des Geoengineerings als Antwort auf eine schleichende Zerstörung unseres Lebensraums.

Stoizismus (Konformistisches Design)

Eine andere Form, mit der Welt des Hellenismus seinen Frieden zu machen, war der wirkungsgeschichtlich weitaus mächtigere Stoizismus. Mit Blick auf das römische Imperium hat sie geradezu eine staatstragende Funktion erfüllt, denkt man an Kaiser wie Marc Aurel ˣ oder auch an das weitverbreitete Credo einer beflissenen Pflichterfüllung bis in den Tod. Umso erstaunlicher nimmt es sich jedoch aus, dass die genuin philosophischen Schriften der bedeutendsten Stoiker entweder gar nicht oder nur indirekt überliefert wurden. Das meiste, was direkt auf uns gekommen ist, trägt bereits Züge einer verstärkten Popularisierung und zählt mit Seneca ˣ oder Marc Aurel zu der jüngeren Stoa, während die Anfänge im Athen der nachsokratischen Periode mehr oder weniger im Dunkeln liegen.[41]

Die meisten überlieferten Schriften und Lehrsätze dienten augenscheinlich zur Erbauung eines Lesertyps, der inmitten der Wirren des Lebens seinen Mann stehen sollte. Mehr noch als die anderen Schulen des Hellenismus war die Stoa Ausdruck einer Lebenshaltung, die es zu wählen galt, wenn man sich gegen eine unbeugsame Übermacht dennoch in Würde behaupten wollte. Anders als der Kynismus um Diogenes oder der Hedonismus um Epikur teilte sie folglich auch weniger den Glauben an eine satirische Symbolfigur oder einen persönlichen Guru, sondern vielmehr den Glauben an die unhinterfragbare Autorität als solche. Vorbilder spielten dabei gleichsam die Rolle von Vorgesetzten, die wiederum von der einen unumstößlichen Autorität zur Unterweisung und Imitation eingesetzt schienen: dem Schicksal.

Wie mit dieser Autorität des Schicksals (oder auch Autoritäten im Allgemeinen) umzugehen wäre, ist eine Frage, die auch in der Stoa letztendlich auf Sokrates als der Verkörperung weiser Schicksalsergebenheit zurückführt. Wie dieser seine Hinrichtung durch den Schierlingsbecher mit würdevoller Gelassenheit ertragen hatte, so hält sich auch der Stoiker einen Lebenswandel zugute, der sich von äußeren Ereignissen nicht aus der inneren Ruhe bringen lässt.

x
Marc Aurel
121–180
Marc Aurel war 161 bis 180 römischer Kaiser und ist mit seinen *Selbstbetrachtungen* zugleich in die Philosophiegeschichte eingegangen.

x
Seneca
etwa 1–65 n. Chr.
Er galt als der meistgelesene Schriftsteller seiner Zeit und war unter anderem als Erzieher und Berater von Kaiser Nero (Regierungszeit 54–68) tätig.

x
Stoische Gelassenheit
Ausdruck einer gefestigten Souveränität über innere Affekte und äußere »Widerfahrnisse«. Das deutsche Wort »Gelassenheit« trägt die theologischen Spuren eines »Eingelassenseins in« beziehungsweise eines »sich Eingelassenhabens auf« Gott.

Diese stoische Gelassenheit x ist selbst sprichwörtlich geworden und verdankt ihre Wertschätzung einem Urvertrauen in die wohlgeordneten Verhältnisse des gesamten Kosmos, denen man sich bestenfalls nur unterordnen kann. Mochte der Kyniker wohl den ganzen athenischen Staatsapparat und das Intrigenspiel, das zur Hinrichtung Sokrates führen sollte, mit Verachtung gestraft haben, während der Epikureer dem Todesurteil mit allen Mitteln hätte entgehen wollen, so sieht sich der Stoiker mit dem Vorgehen seines Vorbildes – von seiner unbekümmert ehrlichen Verteidigung vor Gericht, über die Verweigerung eines freundschaftlich organisierten Gefängnisausbruchs, bis zur ungerührten Entgegen- und Einnahme des tödlichen Giftes – in allen Punkten einig: Alles hat seine Zeit, selbst wenn es ein erzwungenes Scheiden aus dem Leben sein sollte – Amor Fati.

Dementsprechend geht es den meisten Stoikern vor allem darum, sich mit den vorgegebenen Verhältnissen anzufreunden, soweit es die Vernunft zulässt. Dabei ist jedoch nicht ausgeschlossen, dass diese Verhältnisse bei genauerer Betrachtung bisweilen undurchsichtiger sind, als es auf den ersten Blick scheinen mag. Dies gilt sowohl für den Fall, dass scheinbar vernünftige Sachlagen auf den zweiten Blick unannehmbar scheinen, als auch für den umgekehrten, dass bestimmte Situationen erst durch ihre gedankliche Durchdringung ihren vordergründigen Anschein verlieren und eine kosmische Vernunft hinter ihnen zum Vorschein kommt. So scheint in diesem Zusammenhang die Fügung nicht uninteressant, dass Epiktet x, einer der weithin bekanntesten Stoiker seiner Zeit, zunächst als Sklave nach Rom gelangt war und erst dort mit den stoischen Lehren in Kontakt kam, um bald selbst als Lehrer aufzutreten. In einem seiner mannigfaltigen Lehrgespräche wählt er die Vorsehung selbst zum Thema:

x
Epiktet
um 50 – um 138
Epiktet verfasste selbst keine Schriften. Stattdessen wurden seine Vorlesungen durch seinen Schüler, den römischen Historiker und Politiker Arrian, der Nachwelt überliefert.

»Wir finden ohne Mühe an jedem Ding auf der Welt Stoff zum Lobe der Vorsehung, wenn es uns nur an zwei Stücken nicht mangelt, nämlich an dem Vermögen, richtig zu beurteilen, was einem jeden zuteil geworden, und an der Dankbarkeit.«[42] Was jedoch richtig zu beurteilen sei und wofür man dankbar zu sein hätte, ist besagte kosmische Harmonie, oder dem deutschen Wortsinn gemäß jene »Fügung«, die laut Epiktet auf etwas Entscheidendes hinweist: »Wer hat also jenes für dieses und dies für jenes passend gemacht? [...] Niemand etwa? Fürwahr aus der Einrichtung einer vollendeten Sache pflegen wir doch zu schließen, die Sache sei ganz gewiß das Werk eines Künstlers und nicht durch blinden Zufall entstanden. Beweisen nicht also solche Sachen das Dasein eines Meisters?«[43]

Die Aufgabe der (stoischen) Philosophie scheint vor allem darin zu bestehen, die Dinge nach derjenigen Seite zu beurteilen, die uns zu Dank verpflichtet. Mit einer treffenden deutschen Wendung ließe sich sagen: Es geht darum, sich erkenntlich zu zeigen gegenüber einer grundsätzlich wohlmeinenden Vorsehung, selbst wenn sie in Gestalt eines weltumspannenden Imperiums ganze Stämme versklavt oder gar auslöscht. Denken heißt letztlich Danken – für den Status quo, auch wenn oder gerade wo dieser höchst problematisch scheint.

Man könnte von einem stoischen Zweckoptimismus sprechen, der sich jedoch von gängigen Vorstellungen dadurch unterscheidet, dass er Dinge eigentlich nicht zum Positiven wenden möchte, sondern sich schlechterdings nur darum bemüht, sie positiv zu betrachten. Man meint, einen ehemaligen Sklaven die unfassbare Weitsicht beziehungsweise Vorsehung eines kosmischen Meisters lobpreisen zu hören, der ihn nicht in seine Geschäfte einweiht.

»Es ist zweierlei, von etwas Gebrauch machen und es begreifen. Nach dem göttlichen Entwurfe dienen die sinnlichen Vorstellungen den Tieren allein, um sie zum Genuß der Dinge zu führen; uns aber sollen sie eine vernünftige Einsicht in die wahre Bestimmung und den rechten Gebrauch derselben lehren. [...] Wie? hat nicht Gott ein jedes vernunftloses Tier zu gewissen Diensten bereitet, [...] Verrichtungen, zu denen keine deutlichen Begriffe und keine Urteilskraft vonnöten ist? Hingegen hat Gott den Menschen zu dem Zwecke in die Welt gesetzt, daß er Gottes und seiner Werke Zuschauer, und nicht bloß Zuschauer, sondern auch Ausleger sei.«[44]

Der rechte Gebrauch des Urteilsvermögens soll nach Epiktet darin bestehen, es als ein bloßes Beobachtungs- und Auslegungsvermögen zu begreifen: Gott hat den Menschen mit Vernunft ausgestattet, um ihn zuschauen und gutheißen zu lassen, was er ohnehin ohne Rücksicht auf menschliche Bedenken oder Vorbehalte tut und nie wird unterlassen wollen. Als Stoiker wird auch der Philosoph nur noch zu einem bloßen Zuschauer in der Gesellschaft des Spektakels x , wie es insbesondere die römischen Kaiser göttergleich und getreu der Maxime »Brot und Spiele« aufzuführen verstanden.

x
Gesellschaft des Spektakels
Guy Debord (1931–1994) kritisierte in seiner *La Société du Spectacle* von 1967 eine kapitalistische Warenwelt, die jede Form von unmittelbarer Erfahrung in eine mediale Vorstellung verwandelt, um ihre Zuschauer in ihren Bann zu schlagen.

Wie die Tiere von ihrer unverständigen Natur lediglich Gebrauch machen, indem sie angeblich ihren vorgesehenen Dienst am Menschen erfüllen, so erweist sich am Ende auch der stoische Mensch als ein bloßer Diener seiner Umstände, der sich zwar dabei zuschaut, aber nicht auch begreifen will, dass er ein Sklave seiner vielgestaltigen Meister ist. In den Worten des Schulgründers Zenon x :

x
Zenon von Kition
um 333 / 332 – 262 / 261 v. Chr.
Er gab als Gründer der Stoa dadurch ihren Namen, dass er sich in Athen mit seinen Schülern in der bemalten Säulenhalle (»stoa poikile«) gegenüber der Akropolis traf.

»Wenn ein Hund, der an einen Wagen festgebunden ist, mitlaufen will, dann wird er einerseits gezogen und andererseits läuft er mit. Er handelt also freiwillig unter Zwang. Will er aber nicht mitlaufen, ist er unausweichlich dem Zwang ausgeliefert. Dasselbe gilt wohl auch für die Menschen. Denn auch wenn sie nicht wollen, werden sie unausweichlich dazu gezwungen, sich dem Schicksal zu fügen.«[45]

Die entscheidende philosophische Frage in diesem Fall lautet jedoch, ob wir Hunde oder Menschen sind. Könnte doch der Mensch, der diesem seinem inneren Schweinehund dabei zuschaut, wie er sich vom Schicksal kommandieren lässt, einmal auf den Gedanken kommen, die Ketten zu lösen und seiner eigenen Wege zu gehen. Was dieser stoischen Haltung nottäte, wäre eine Loslösung von einem unterwürfigen Konformismus – der auch Designern manchmal nicht fremd ist, etwa wenn es um Zugeständnisse an allzu fadenscheinige Erfordernisse des Marketings geht.

Wie dies aber anders geschehen könnte oder wie es sich gerade in der unsrigen Zeit vermeintlich allgegenwärtiger ökonomischer Sachzwänge auch anders fügen ließe, das verstünde sich als die eigentliche Pflicht des Designers entgegen einer falschen Schicksalsergebenheit – vorausgesetzt dass er noch nicht auf den Hund gekommen ist ...

Skeptizismus (Anti-Design)

Kommen wir von hier aus zu der letzten großen Denkschule der Antike, scheinen sich die Vorzeichen geradezu verkehrt zu haben. War der Stoizismus mit Leib und Seele darauf aus, selbst dort noch überall Ja zu sagen, wo er nicht einmal mehr nach seiner Meinung gefragt wurde, so übt sich der Skeptizismus hingegen darin, nicht allein bei jeder Gelegenheit Nein zu sagen, sondern auch jede Antwort, die ihm von anderer Seite entgegengebracht wird, durch unendliche Nachfragen und findige Argumentationen dem Zweifel zu überlassen.

Weniger einer Schule gleicht der Skeptizismus vielmehr einer Denkströmung im buchstäblichen Sinne: Wie eine unbändige Strömung reißt der skeptische Zweifel jeden Halt ein, indem er die Grundfesten vermeintlich wahrer Überzeugungen solange aufweicht, bis sie in sich zusammenstürzen und mit ihm weggetragen werden. Streng genommen bildet der Skeptiker also auch keine wirkliche Haltung aus, sondern bewegt sich im Fluidum der Meinungen und Gegenmeinungen eher wie ein Fisch, der ohne den Widerstand seines Mediums ebenso wenig schwimmen könnte. Skeptizistisches Denken ist eine parasitäre Methode der Zurückweisung in der Auseinandersetzung mit anderen Theorien, zu denen es sich verhält wie die Negation zur Position.[46]

Ohne Position aber auch keine Negation – bereits der antike Skeptizismus war sich dieser Sachlage bewusst. Ihm ist zugute zu halten, dass er auch seine eigene Überzeugung nicht für die Wahrheit schlechthin ausgab, sondern sich bestimmter Überzeugungen immer nur in bestimmten Situation zu bestimmten Zwecken der Widerlegung bediente, um sie danach wieder fallen zu lassen. Ein konsequenter Skeptizismus x beweist sich gerade dadurch, eine generelle Beweisbarkeit sowohl des Wahren als auch des Falschen fortwährend zu bezweifeln. Will sagen: im Konkreten weder zu leugnen noch zu behaupten, sondern in seiner Unentscheidbarkeit situativ und performativ zu erweisen. Welches eigentliche Ziel verfolgt diese fortwährende (Selbst-)Negierung von einstweiligen (Selbst-)Positionierungen aber dann?

x
Konsequenter Skeptizismus
Innerhalb der skeptischen Bewegung wurde manchen Vertretern ein bloß negativer Dogmatismus der Art vorgeworfen, die generelle Falschheit von Wahrheitsansprüchen zu behaupten.

»Das motivierende Prinzip der Skepsis nennen wir die Hoffnung auf Seelenruhe. Denn die geistig Höherstehenden unter den Menschen, beunruhigt durch die Ungleichförmigkeit in den Dingen und ratlos, welchen von ihnen man eher zustimmen solle, gelangten dahin zu untersuchen, was wahr ist in den Dingen und was falsch, um durch die Entscheidung dieser Frage Ruhe zu finden. Das Hauptbeweisprinzip der Skepsis dagegen ist, daß jedem Argument ein gleichwertiges entgegensteht.«[47]

Das eigentliche Problem liegt in den Augen des Skeptikers im Erheben von Wahrheitsansprüchen und der damit verbundenen, trügerischen Hoffnung auf ein beruhigendes Ergebnis: eindeutigen Wahrheiten und Falschheiten. Stattdessen nimmt der Skeptiker nicht nur als gegeben hin, dass eine prinzipielle »Ungleichförmigkeit in den Dingen« jede Hoffnung auf Klärung zunichtemacht, sondern er identifiziert sich gewissermaßen mit dieser Ungleichförmigkeit, indem er sie durch gleichwertige Argumente immer wieder zur Geltung bringt. Dennoch spricht Sextus Empiricus [x] in dieser Passage seines *Grundrisses der pyrrhonischen Skepsis*, dem weitverbreitetsten Kompendium antiker Skepsis, von einer »Hoffnung auf Seelenruhe« und verortet sich damit im Kontext der anderen hellenistischen Denktraditionen. Der wesentliche Unterschied besteht jedoch darin, dass die pyrrhonische Skepsis vielmehr durch den totalen Rückbau aller philosophisch aufgetürmten Denkgebäude versucht, schlussendlich zur Ruhe zu kommen:

x
Sextus Empiricus
2. Jahrhundert n. Chr.
Er war vor allem als Arzt tätig und gehörte der Ärzteschule der Empiriker an (daher sein Beiname). Von ihm sind drei Schriften erhalten, worüber hinaus man wenig über ihn weiß.

»Denn der Skeptiker begann zu philosophieren, um die Vorstellungen zu beurteilen und zu erkennen, welche wahr sind und welche falsch, damit er Ruhe finde. Dabei geriet er in den gleichwertigen Widerstreit, und weil er diesen nicht entscheiden konnte, hielt er inne. Als er aber inne hielt, folgte ihm zufällig die Seelenruhe in den auf dogmatischem Glauben beruhenden Dingen. [...] Dem Skeptiker geschah dasselbe, was von dem Maler Apelles erzählt wird. Dieser wollte, so heißt es, beim Malen eines Pferdes dessen Schaum auf dem Gemälde nachahmen. Das sei ihm so mißlungen, daß er aufgab und den Schwamm, in dem er die Farben vom Pinsel abzuwischen pflegte, gegen das Bild schleuderte. Als dieser auftraf, habe er eine Nachahmung des Pferdeschaums hervorgebracht.«[48]

Überträgt man diese Erzählung auf das Vorgehen der Skeptiker, wird erkennbar, dass die Erlösung von den Erlösungshoffnungen der Philosophie in einer buchstäblich verzweifelten Kapitulation vor der Aufgabe besteht. Dabei scheint aber vorausgesetzt, dass der Skeptiker sich zunächst überhaupt auf den Versuch eingelassen hat, das Werk zu wagen, bevor er erbost mit den abgestreiften Mitteln nach dem Erreichten werfen kann, um sich von seiner Verzweiflung erlöst zu sehen. Dass dieses Happy End sich nicht ohne Weiteres einstellen kann, offenbart die verborgene Grundhaltung der Skepsis – gleichsam das Flussbett des skeptischen Denkstroms: Der Skeptizismus fungiert bloß als Negation all jener Positionen, die ihrerseits die alltägliche Lebenswelt negieren, weil sie ihren überzogenen Wahrheitsansprüchen nicht Genüge zu tun scheint.

»Wir halten uns also an die Erscheinungen und leben undogmatisch nach der alltäglichen Lebenserfahrung, da wir gänzlich untätig nicht sein können. Diese alltägliche Lebenserfahrung scheint vierteilig zu sein und teils aus Vorzeichnungen der Natur, teils aus Erlebniszwang, teils aus Überlieferung von Gesetzen und Sitten, teils aus Unterweisungen in Techniken zu bestehen.«[49]

Der radikale Negativismus in der Auseinandersetzung mit anderen Positionen schlägt um in einen reinen Positivismus der vorgelebten Verhältnisse und eingewöhnten Erfahrungen. Minus mal minus ergibt plus – das Surplus einer tatsächlichen Seelenruhe stellt sich jedoch nur dort ein, wo andere sich nicht den gegebenen Umständen fügen wollen und somit sowohl ihre eigene positive Hoffnung auf eine wahrhafte Besserung als auch jene negative Hoffnung auf eine erleichternde Enttäuschung offen halten. Ohne einen Zweifel an dem Zweifel der anderen wäre der skeptische Alltag eine bloße Unterwerfung unter die »Vorzeichnungen der Natur«, den »Erlebniszwang«, die »Überlieferung« und die »Unterweisungen der Techniken«; so aber findet der Skeptizismus seine eigene Aufgabe in der einer aktiven Selbstaufgabe. Will sagen: in der beruhigenden Kapitulation des kritischen Denkens vor sich selbst – angesichts einer indifferenten, übermächtigen Ordnung.

Schlägt man abschließend nochmals den Bogen zu den anderen Lebensschulen der hellenistischen Philosophie, scheint die von allen intendierte Seelenruhe letztendlich auf eine seltsame Grabesruhe hinauszulaufen: Inmitten einer turbulenten Welt mahnt die innere Stimme zu einem Rückzug in den inneren Frieden. Der Skeptizismus zeigt hierbei vor allen anderen am deutlichsten, dass die eigentliche Auseinandersetzung mit den überkommenen Gegebenheiten sowohl an der ewigen und unumstößlichen Verfassung des antiken Kosmos als auch an der eigenen zeitlichen Ohnmacht des Menschen von vorneherein zum Scheitern verurteilt scheint. Gerade im Skeptizismus halten sich Hoffnung und Enttäuschung derart die Waage, dass alles in eine Schwebe der Unentscheidbarkeit versetzt scheint, bei der sich zuletzt auch nicht mehr ausmachen lässt, was beide eigentlich noch wiegen. Stattdessen bescheidet sich die Macht des Denkens nur noch mit der Herstellung der eigenen Ohnmacht, ohne sich noch als ein kritisches Gegengewicht gegenüber der Übermacht des Schicksals in die Waagschale zu werfen.

Aus der Perspektive des Designs betrachtet findet sich hier bereits eine moderne Bewegung vorformuliert, wonach die eigentliche Aufgabe des Designs gerade in einer kritischen Selbstaufgabe des Designs bestünde: das moderne Design seit den Tagen der europäischen Industrialisierung durch ein gekonntes Nicht-Können gestalterisch ad absurdum zu führen. Die philosophische Skepsis kommt dem sehr nahe, was als Anti-Design ˣ eine moderne Un-Haltung kennzeichnen kann: das insgeheime Vertrauen in die Übermacht einer göttlichen Vorsehung oder ewigen Natur, die sich gegen eine entfremdete Künstlichkeit des modernen Designs behaupteten.

x
Anti-Design
Ausgehend von der Protestkultur der 1960er-Jahre haben sich bis heute Bewegungen im Design erhalten, die dem (vermeintlichen) Konformismus des Funktionellen durch eine betonte Emotionalisierung oder gar Sabotage begegnen – jedoch stets von der Gefahr begleitet, selbst zu einem Statussymbol zu verkommen.

Dagegen wird die Moderne den antiken Skeptizismus gerade dadurch zugleich aufgreifen und weiterentwickeln, dass sie die tradierte Kosmosvorstellung selbst in Zweifel zieht und dem Menschen eine neue Rolle zuweist: Im Welttheater der Neuzeit wird er als schöpferisches Gegengewicht fortan mit dem göttlichen Demiurgen selbst um die Rolle des Protagonisten konkurrieren.

Jede Disziplin hat ihre Selbstzweifel. In Krisenzeiten neigen wir dazu, unsere Überzeugungen in Zweifel zu ziehen und nach neuen Methoden Ausschau zu halten. Was die Philosophien des Rationalismus und Empirismus zum Wegbereiter der Moderne werden ließ, ist ihr neuer Umgang mit kritischen Selbstzweifeln. René Descartes erhob sie zur eigentlichen Methode, überhaupt zu Gewissheiten zu gelangen, und David Hume berief sich stattdessen auf die gewöhnliche Erfahrung, um den kritischen Zweifel der Vernunft abermals in Zweifel zu ziehen. Selbstzweifel machen also selbstbewusst – zumindest philosophisch ...

René Descartes

Es gehört zu den Ironie-Lektionen der Philosophiegeschichte, dass in der Zeit eines verheerenden Religionskrieges, der Europa ins Chaos stürzte, ausgerechnet ein ehemaliger Jesuitenschüler den Grundstein für eine neue Vernunftordnung legen sollte. René Descartes x hatte eine neue Einsicht gewonnen, die die aufkeimenden, modernen Wissenschaften in ihrem Glauben an eine vernünftige Wahrheit bestärken sollte.[50] Der moderne Rationalismus gründet sich auf die unerschütterliche Evidenz des eigenen Ichs: »Ich denke, also bin ich.«

x
René Descartes
1596–1650
Descartes war neben seinem Philosophendasein zugleich ein bedeutender Mathematiker und Naturwissenschaftler, der mit den bedeutendsten Wissenschaftlern seiner Zeit in Kontakt stand.

Nicht weniger ironisch scheint der von Descartes hierzu eingeschlagene Weg der Untersuchung. Selbst auf dem Gebiet der Wissenschaften und der Philosophie bewandert, wusste er, dass es im Gebälk der altehrwürdigen Wissenstempel bereits gewaltig krachte. Viele der über die Jahrhunderte behaupteten Erkenntnisse hielten den neueren, experimentellen Entdeckungen nicht mehr Stand. Dem methodischen Aufbau eines modernen Weltwissens musste zunächst ein radikaler Abbau traditioneller Meinungen vorausgehen. Um ein tragfähiges Fundament freizulegen, braucht es einen unermüdlichen Zweifel an allem, an dem sich überhaupt rütteln ließ:

»Da ja schon die Vernunft anrät, bei nicht ganz gewissen und zweifelsfreien Ansichten uns ebenso sorgfältig der Zustimmung zu enthalten wie bei solchen, die ganz sicher falsch sind, so reicht es für eine Verwerfung insgesamt aus, wenn ich in einer jeden irgendeinen Anlaß zum Zweifeln finde. Auch braucht man sie darum nicht einzeln durchzugehen; das wäre eine endlose Arbeit. Da ja bei der Untergrabung der Fundamente alles, was darauf gebaut ist, von selbst zusammenstürzt, werde ich unmittelbar die Prinzipien selbst angreifen, auf die alles sich stützte, was ich früher für wahr hielt.«[51]

In seinen berühmten *Meditationen* von 1641 machte Descartes mit dem angedrohten Abriss also Ernst. Zwei Punkte innerhalb des Zitats verdienen hierbei besondere Aufmerksamkeit. Erstens ist der erwähnte Rat der Vernunft ein erbarmungsloser. Dass nicht zweifelsfrei wahre Ansichten zur Enthaltung des Urteils verpflichten, erinnert an den antiken Skeptizismus. Descartes jedoch radikalisiert den skeptizistischen Zweifel noch dadurch, dass er nicht zweifelsfrei wahre geradewegs wie falsche Meinungen behandelt und sie darum gänzlich verwirft. Kategorien wie das Wahrscheinliche interessieren ihn nicht. Zweitens macht sich Descartes nicht die Mühe, alle Ansichten einzeln durchzugehen. Die prinzipielle Zweifelhaftigkeit mancher Fundamente genügt ihm bereits, um alle darauf gegründeten Ansichten umzustürzen.

Vergleicht man diese beiden Momente des cartesianischen Zweifels mit den überkommenen Vorgehensweisen der Kritik, wird etwas deutlich: Sie haben Methode – und zwar eine, die davon ausgeht, dass die traditionelle Kosmosvorstellung bereits unweigerlich überholt ist. Teilten Aristoteles und seine Nachfolger die Auffassung, dass auf tradierte Meinungen eher zu bauen sei, insofern ihr Alter beziehungsweise ihre Dauer für sie sprachen, zeigt sich die Situation zu Zeiten Descartes in ihr Gegenteil verkehrt. Das Altertum besteht nur noch aus Ruinen, und Descartes will Platz schaffen für Neues.

Mag er im Weiteren auch das Bemühen erkennen lassen, letztlich alles erneut aufzubauen, so ist dieser an sich revolutionäre beziehungsweise umstürzlerische Gestus von seinen Nachfolgern jedoch nicht unbemerkt geblieben. Was sich an Descartes Zweifelshaltung manifestiert, ist der neuerliche Unwille moderner Subjektivität, einfach hinzunehmen, was gegeben ist – und sei es von Gott selbst. Stattdessen muss fortan alles (und der Tendenz nach auch Gott) unter der strengen Beobachtung des Subjekts die Bewährungsprobe der Vernunft bestehen.

x
Böser Geist
Der »genius malignus« hat in der Philosophie noch eine Reihe anderer tückischer Gedankenexperimente ausgeheckt. So etwa die »Gehirne im Tank« von Hilary Putnam (1926-2016), von denen beispielsweise die *Matrix*-Trilogie der Wachowski-Geschwister einen Eindruck verschafft. Stets handelt es sich dabei um Worst-Case-Szenarien, in denen die Philosophie gänzlich von ihrem Wahrheitsglauben abzufallen droht, bis sie merkt, dass sie sich lediglich selbst einen Schrecken eingejagt hat …

Ausgehend von diesen Voraussetzungen begibt sich Descartes innerhalb seiner Meditationen auf Selbsterkundung und stößt dort an einem entscheidenden Punkt auf die Vorstellung eines allmächtigen bösen Geistes x , der – anstelle des allgütigen Vaters – ihn auch in Versuchung führen könnte:

»Aber ich habe in mir die Annahme gefestigt, es gebe gar nichts in der Welt, keinen Himmel, keine Erde, keine Geister, keine Körper: also bin doch auch ich nicht da? Nein, ganz gewiß war ich da, wenn ich mich von etwas überzeugt habe. Aber es gibt irgendeinen sehr mächtigen, sehr schlauen Betrüger, der mit Absicht mich immer täuscht. Zweifellos bin also auch Ich, wenn er mich täuscht; mag er mich nun täuschen, soviel er kann, so wird er doch nie bewirken können, daß ich nicht sei, solange ich denke, ich sei etwas. Nachdem ich so alles genug und übergenug erwogen habe, muß ich schließlich festhalten, daß der Satz ›Ich bin, Ich existiere‹, sooft ich ihn ausspreche oder im Geiste auffasse, notwendig wahr sei.«[52]

Es kann niemals bezweifelt werden, wenn auch sonst alles, dass das Ich existieren muss, wenn etwas überhaupt von jemandem, selbst einem betrügerischen Geist, getäuscht werden soll. Selbst im schlimmsten Fall gilt: Ich kann mich weder darüber täuschen noch darüber getäuscht werden, dass ich es bin, der getäuscht wird.

Nachdem Descartes alles für ihn Existierende in Zweifel gezogen hat, weil es sich prinzipiell um eine Sinnestäuschung halten könnte, beruhigt er sich nun angesichts der abgründigen Möglichkeit, dass selbst seine Gedanken, mathematischen Einsichten oder eben sein eigenes Ich eine Täuschung sein könnten. Selbst die Vorstellung eines betrügerischen Geistes zerschellt letztlich an der Selbstgewissheit des eigenen Ichs, weil ein Täuschungsversuch durch den bösen Geist eben das Ich noch voraussetzen müsste. Mag ich auch alles Denkbare in Zweifel ziehen, so besteht doch kein Zweifel daran, dass ich es zuletzt bin, der in Zweifel zieht; andernfalls könnte ich nicht einmal Zweifel daran haben, dass ich es eigentlich bin, der in Zweifel zieht (sondern ein böser Geist oder Gott), weil ich dann überhaupt nicht mehr zweifeln könnte.

Die cartesianische Pointe besteht darin, dass auch ein Selbstzweifel eben ein Zweifel an einem selbst ist; an einem Selbst, das sich im Akt des Zweifels buchstäblich in zwei verwandelt und dennoch eines bleibt: Ich zweifle an mir selbst. Dieses »Ich zweifle« heißt notgedrungen: »Ich bin für mich – als Bezweifeltes zugleich das Bezweifelnde.« Noch im Selbstzweifel bin ich mir über mich selbst bewusst. Und das hat entscheidende Konsequenzen: Denn dieses buchstäbliche Zweifeln des Ich bringt gleichzeitig aufs Deutlichste zum Ausdruck, wie das moderne Bewusstsein im Grunde veranlagt ist: Der Zweifel ist gerade die Gewissheit des modernen Selbstbewusstseins;[53] seine grundlegende Methode, von sich als einem Zweifelnden auszugehen, um bei sich als »Einem« zweifelnden anzukommen. »Ich zweifle, also bin ich meiner gewiss.«

Der betrügerische Geist hingegen ist lediglich das Alter Ego des cartesianischen Ichs – dieses modernen Ichs, das sich erst als dieses Ich von der ganzen Welt hat absondern können, indem es sie bis auf den Grund und zugleich grundlos in Zweifel gezogen hat. Descartes bewegt sich also von vorneherein in einem Zirkel. Die Meditationen setzen mit einem derart prinzipiellen, weil verwerfenden statt enthaltenden Zweifel des Ichs ein, dass am Ende eben nur noch und notgedrungen ein Ich des Zweifels übrig bleiben kann – ein Ich, das als der Zweifel selbst unbezweifelbar ist. Wenn überhaupt, dann betrügt der böse Geist das Ich also darüber, dass beide eigentlich identisch sind und das Ich sich schlicht selbst betrügt, wenn es die bösen Zweifel einem anderen Geist unterschiebt, den es sich bloß ausgedacht hat.

Res Cogitans und Res Extensa

Doch cartesianischer Rationalismus bedeutet nicht nur die Fundierung alles Wissens in dieser zweifelhaften Selbstgewissheit des Ichs. Damit einhergehend liefert er auch eine Neumodellierung der umgebenden Welt anhand methodisch gesicherter Erkenntnisse aus der intelligiblen Erfahrung des Subjekts. In der rationalistischen Sichtweise bietet die Erscheinungswelt eine Ansammlung von leblosen Objekten, zu denen auch der Leib des Subjekts noch zählt:

»Zuerst bemerkte ich natürlich, daß ich ein Gesicht, Hände, Arme und die ganze Gliedermaschine habe, wie man sie auch an einem Leichnam wahrnimmt; ich nannte sie Körper. [...] Unter Körper verstehe ich alles, was durch eine Gestalt begrenzt und durch einen Ort umschrieben werden kann; was seinen Raum so ausfüllt, daß es von ihm jeden anderen Körper ausschließt; was durch Gefühl, Gesicht, Gehör, Geschmack, Geruch wahrgenommen werden und in verschiedener Weise bewegt werden kann, zwar nicht aus eigener Kraft aber durch irgendein anderes und wovon es beeinflußt wird. [...] Jener Komplex von Gliedern, den man den menschlichen Leib nennt, bin ich nicht; auch bin ich nicht etwa ein feiner Dunst, der in diesen Gliedern verbreitet ist, auch kein Wind, kein Feuer, kein Dampf, kein Hauch oder was ich mir sonst ausdenke; denn all dies habe ich gleich nichts gesetzt.«[54]

Erkennt sich das Ich derart als das Prinzip des (bewussten) Lebens, als eine denkende Substanz (res cogitans x), scheint von allen wahrgenommenen Objekten der Sinne einschließlich des eigenen Körpers nichts mehr übrig zu bleiben außer »Gliedermaschinen«, die zugleich mit »Leichnamen« assoziiert werden. Für das Ich werden sie wiedererkennbar als von ihrer eigenen Substanz her bloße, »ausgedehnte Dinge« (res extensa x), die als mathematisierbare Größen den Raum bevölkern und sich nach rekonstruierbaren Gesetzen zu mechanischen Komplexen und Abläufen arrangieren. Umso mehr Wissen man über ihre Gesetzesbeziehungen erlangt, desto gestaltbarer erweisen sie sich auch, bis an den Punkt, sie gänzlich (re-)konstruieren x zu können.

x
Res cogitans und res extensa
Descartes unterscheidet Körper und Geist streng nach zwei Substanzen, einer denkenden und einer ausgedehnten. Wie beide dann jedoch überhaupt zusammenwirken können, zählt auch heute noch zu den Grundfragen der Philosophie.

x
Rekonstruieren
Der rationalistische Vorentwurf der Welt aus der Perspektive eines cartesianischen Ichs ist der frühe Vorfahre heutiger CAD-Programme.

Mag die ausgedehnte Substanz samt ihren Gesetzen auch durch die sinnliche Wahrnehmung für die denkende Substanz in Erscheinung treten, letztlich ist sie ein Objekt allein für das sie denkend auffassende Subjekt: Die »res extensa« erschließt sich erst der »res cogitans«. Wie Descartes an der sich wandelnden Gestalt eines Stückes Wachs darlegt, ergeht es der Vorstellungskraft wie schon bei Platon angesichts des Goldes: Sie kommt nicht hinterher, weil nur eine vorgestellte Gestalt des Wachses nicht dazu ausreicht, den Begriff des Wachses und seiner möglichen Gestalten zu erschöpfen:

»So muß ich schließlich gestehen, daß ich mir nicht einmal bildhaft vorstellen kann, was dieses Stück Wachs hier ist, sondern es allein durch den Geist auffasse. [...] Aber, wohlgemerkt, die Auffassung desselben besteht nicht in seinem Sehen, Berühren, sinnlichen Vorstellen, und bestand überhaupt nie darin, wenn es mir früher auch so vorkam, sie besteht vielmehr in einem bloßen geistigen Einblick [...]. So erfasse ich also das, was ich mit den Augen zu sehen meinte, in Wahrheit nur durch das Urteilsvermögen, welches meinem Geist innewohnt.«[55]

Der »geistige Einblick« ist ein Urteil und das geistige Auge gleichsam das »Urteilsvermögen«. Wogegen sich Descartes letztendlich richtet – wenn er die Täuschungsanfälligkeit der Sinne kritisiert, um dagegen eine Urteilskraft des Ichs ins Spiel zu bringen, die alles zu bezweifeln und sich dessen in eins zu vergewissern erlaubt – ist nicht einfach die gegebene Welt, sondern eine räumlich vorgestellte Welt, die Welt der Körper als ein Produkt der Einbildungskraft. Die Kehrseite des zweifelnden Urteils als kritische Instanz ist die täuschende Einbildung als Inbegriff des Gemeinsinns. Unmittelbar im Anschluss an obiges Zitat fährt Descartes fort:

»Aber wer mit seinem Wissen über die Volksmeinung hinauskommen will, sollte sich schämen, einen Zweifelsgrund aus der populären Ausdrucksweise herzuleiten. Fahren wir also fort, sehen wir zu, ob ich vollkommener und evidenter erfaßte, was das Wachsstück sei, als ich es zuerst erblickte und der Meinung war, ich erkennte es durch einen äußeren Sinn oder wenigstens durch den sogenannten Gemeinsinn, das heißt durch die Einbildungskraft – oder ob dies erst jetzt der Fall ist [...].«[56]

Klarerweise wird Descartes für die Urteilskraft votieren und auf sie die Theorie des Selbstbewusstseins stützen. Die Einbildungskraft hingegen wird als die eigentliche Quelle der Unsicherheit ausgemacht und kann dennoch – gerade als das eigentliche Prinzip aller körperhaften, nicht-ichhaften Vorstellungen – nicht an sich bezweifelt oder gar weggedacht werden. So heißt es am Anfang der letzten Meditation, die der Unterscheidung zwischen »bildlichem Vorstellen« und dem »reinen Erkennen« gewidmet ist: »Denn was ist die Einbildungskraft genauer besehen anderes als eine Anwendung des Erkenntnisvermögens auf den Körper, der ihr innig gegenwärtig ist und mithin existiert?«[57]

Es ist gerade dieser Unterschied von reiner Vorstellung (Einbildungskraft) und reinem Erkennen (Urteilskraft), der Descartes erlaubt, das Ich als denkende Substanz von der ausgedehnten Substanz bloßer Körper abzusetzen. Dabei geht er davon aus, dass das Ich auch ohne seinen Körper bestehen könnte; und dennoch muss geklärt werden, wie dann Ich und Körper miteinander in Beziehung stehen, wie es also möglich ist, dass das Ich überhaupt bildliche Vorstellungen von Körpern und die entsprechenden Empfindungen besitzen kann:

»Gäbe es einen Körper, mit dem mein Geist so innig verbunden ist, daß er nach Belieben in ihm sozusagen Einblick zu nehmen vermag, so wäre es möglich, daß ich durch eben diesen Körper zu bildlichen Vorstellungen körperlicher Gegenstände gelangte. Diese Art des Bewußtseins unterschiede sich dann nur dadurch vom reinen Erkennen, daß der Geist sich beim Erkennen gleichsam auf sich selbst richtet und eine seiner eigenen Vorstellungen betrachtet. [...] Daß das Vorstellen so zustande kommen kann, wenn der Körper existiert, sehe ich leicht ein. [...] Doch ist dies nur wahrscheinlich; denn wenn ich auch die Sache noch so genau untersuche, so ersehe ich doch noch nicht, wie ich aus der deutlichen Vorstellung des Körperlichen in meiner Einbildungskraft einen Grund dafür entnehmen kann, der das Dasein eines Körpers zwingend beweist.«[58]

Descartes will eine strikte Trennung von Körper und Geist und nimmt es darum nicht nur in Kauf, sondern erzwingt durch seinen verwerfenden Zweifel regelrecht, dass sich die körperlichen Einbildungen (der Einbildungskraft) mit den geistigen Urteilen (der Urteilskraft) gänzlich entzweien. Gibt er auch selbst eine mögliche Erklärung für den Zusammenhang von Körper und Geist, der er zudem seine Zustimmung eigentlich nicht verwehren würde, so betont er doch, dass dieser Zusammenhang höchstens »wahrscheinlich« sei – was nach seiner eigenen Vernunftmaxime eben gleichbedeutend ist mit bezweifelbar und damit streng genommen falsch.

Die strikte Trennung zwischen Körper und Geist scheint von der Seite des Ich gleichsam willentlich gesucht, um sich selbst und damit dem ganzen Subjektivismus der kommenden Moderne ein Fundament zu schaffen. Indem das Ich auf der einen Seite an der Welt zweifelt, das heißt sie als nichtige Einbildung beurteilt, stärkt es auf der anderen Seite gerade seine Urteilskraft, also das reine Erkennen, und damit sich selbst. Die Kraft des Ur-teilens ist das Zweifeln: das Ent-zweien von Welt und Ich, Körper und Geist. Dagegen, wie Descartes selbst zumindest andeutet, erweist sich die Kraft der Ein-bildung als das Ver-einen der einander vom Ich Entgegengesetzten.

Mit anderen Worten stellt Descartes die Kritik [x] letztlich über den Gemeinsinn, anstatt beide miteinander auszubalancieren. Fortan wird die Kritik in der Moderne tendenziell selbst zum Gemeinsinn, in der Absicht, jedwede Einbildung als bloße Täuschung zu entlarven und den Irrationalismus des Überkommenen aufzuklären, das heißt nach den eigenen Kriterien dieser neuen Rationalität zu beurteilen und zu verurteilen. Durch den Umstoß des Gleichgewichts gerät die moderne Subjektivität jedoch zugleich in einen Sturzlauf der Modernisierung, in dem nur die Flucht nach vorne noch vor dem Aufprall auf dem Boden der Realität zu bewahren scheint.

x
Kritik
Das Ende des 17 Jahrhunderts aus dem Französischen übernommene Wort geht letztlich auf das altgriechische »krinein« zurück: »trennen«, »unterscheiden«. Kritik zielt auf Distanznahme, nicht zuletzt indem sie den Kritiker vom Kritisierten unterscheidet. Die Kritik pervertiert sich jedoch dort zur Ideologie, wo sie sich von Rechthaberei selbst nicht mehr zu unterscheiden vermag.

David Hume

Liegen diese Entwicklungen in gewisser Hinsicht auch noch außerhalb des Gesichtskreises von Descartes, der vielmehr guten Grund hatte, dem Irrationalismus des dreißigjährigen Krieges zu entfliehen, so werden hingegen die Philosophen des Empirismus den optimistischen Zweifel am Gemeinsinn abermals in Zweifel ziehen. Allen voran David Hume wird ein Jahrhundert später das paradoxe Unternehmen gelingen, die kritische Intention Descartes noch einmal dermaßen zu radikalisieren, dass der Zweifel des Ichs zuletzt auf es selbst zurückschlägt. Wäre das moderne Ich am Ende womöglich bloß eine Einbildung, die aus nichts anderem bestünde als Gewohnheiten und Gemeinsinn?

»Es gibt eine Art Skeptizismus, die aller Forschung und Philosophie vorangeht und die von Descartes und anderen als ein hervorragendes Schutzmittel gegen Irrtümer und voreilige Urteile sehr gepriesen wird. Sie empfiehlt uns einen allgemeinen Zweifel nicht nur an all unseren früheren Meinungen und Prinzipien, sondern auch an unseren eigenen Fähigkeiten, von deren Wahrhaftigkeit, sagt man, wir uns durch eine Kette von Schlußfolgerungen erst überzeugen müssen, die wir aus einem ursprünglichen Prinzip deduzieren, das uns unmöglich täuschen oder betrügen kann. Aber weder gibt es ein solch ursprüngliches Prinzip, das anderen gegenüber, die von selbst evident und überzeugend sind, den Vorrang besäße, noch können wir, wenn es ein solches gäbe, einen Schritt über es hinaus tun ohne eben den Gebrauch eben der Fähigkeiten, denen wir doch bereits mißtrauen wollten.«[59]

David Hume x ist als einer der wichtigsten, wenn nicht gar als der wichtigste Empirist in die Geschichte eingegangen. Wie alle anderen Empiristen so teilt auch er die Grundüberzeugung eines Vorrangs der sinnlichen Erfahrung gegenüber begrifflichen Reflexionen; in den Worten seines Vorgängers John Locke x : »Nichts ist im Verstand, was nicht vorher in den Sinnen war.«[60]

x
David Hume
1711–1776
Hume war nicht nur der bedeutendste Philosoph der schottischen Aufklärung, sondern zugleich ein bekannter Historiker Großbritanniens sowie ein persönlicher Freund des Ökonomen Adam Smith.

x
John Locke
1632–1704
Der Philosoph Locke war auch als Politiker tätig. Er gilt als Vater des Liberalismus.

Im Unterschied zu allen anderen Empiristen versteht sich Hume aber zugleich als ein Skeptiker alter Schule. Es ist ihm kaum etwas daran gelegen, den Empirismus als ein dogmatisches Prinzip zu etablieren. Vielmehr kritisiert er einen »aller Forschung und Philosophie« vorangehenden Skeptizismus, um ihm einen der alltäglichen Erfahrung angemesseneren und »aller Wissenschaft und Forschung« nachfolgenden entgegenzusetzen

So zielt auch seine Kritik an Descartes vornehmlich auf dessen Beanspruchung eines absolut gewissen Prinzips, von dem aus erst deduziert werden soll, was als wahr zu gelten hat, derweil die Welt der alltäglichen Erfahrungen und Meinungen zu einer bloßen Scheinwelt herabgesetzt wird. Demgegenüber ist es laut Hume diese Lebenswelt, in der wir uns immer schon wiederfinden und die überhaupt ein Mindestmaß an Gewissheit gestattet. Erst auf ihrer Basis lassen sich durch induktive Schlussverfahren gegenwärtige Gesetzmäßigkeiten [x] erkennen.

x
Gesetzmäßigkeiten
Nur durch die Verallgemeinerung von gleichen Einzelfällen vermögen wir auf die Zukunft zu schließen, ohne die jeweilig entdeckte Regelmäßigkeit auch für alle Zeiten behaupten zu dürfen.

Descartes fundamentaler Zweifel geht Hume also einerseits zu weit, was die skeptische Beseitigung der Welt zum Zwecke eines unbezweifelbaren Ichs betrifft, scheint ihm andererseits doch auch zu kurz zu greifen mit Blick auf sein eigentliches Problem. Bezweifelt wird weniger ein Prinzip der Erkenntnis als schlicht deren Notwendigkeit, wie sein berühmtes Beispiel darlegt:

»Sehe ich [...] eine Billardkugel sich in gerader Linie gegen eine andere bewegen [...] kann ich mir nicht vorstellen, daß hundert verschiedene Ereignisse ebensogut aus dieser Ursache hervorgehen könnten? Könnten nicht alle beiden Kugeln in völliger Ruhe verharren? Könnte nicht der erste Ball in gerader Linie zurückprallen oder von dem zweiten nach irgendeiner Seite oder Richtung abspringen? Alle diese Annahmen sind widerspruchsfrei und vorstellbar. Weshalb sollten wir also der einen den Vorzug geben, die nicht widerspruchsloser oder vorstellbarer ist als die übrigen? Alle unsere Schlussfolgerungen a priori werden nie imstande sein, uns eine Unterlage für diese Bevorzugung zu liefern. Mit einem Wort: jede Wirkung ist ein von ihrer Ursache verschiedenes Ereignis.«[61]

»A priori« bedeutet »vor aller Erfahrung« und gemeint sind in diesem Kontext damit »Beziehungen zwischen Ideen«, die man sich von den Zusammenhängen der »Tatsachen« gebildet hat, ohne auf die tatsächlichen Eindrücke Rücksicht zu nehmen (humesche Gabel [x]). Denn erst mit der Erfahrung, so Hume, enthüllt sich der Sachverhalt. Demnach bestreitet er gerade die Notwendigkeit von ideellen Voraussagen innerhalb tatsächlicher Ursache-Wirkungs-Zusammenhängen, wenn er die Möglichkeit ins Spiel bringt, dass ich mir auch andere Ausgänge des Zusammenpralls der beiden Billardkugeln widerspruchslos vorstellen kann. Die Kausalität von Ereignissen lässt sich nicht mit Ideen im Voraus ausklügeln.

x
Humesche Gabel
»Alle Gegenstände der menschlichen Vernunft oder Forschung lassen sich naturgemäß in zwei Arten zerlegen, nämlich in Beziehungen zwischen Ideen und in Tatsachen.« David Hume, *Eine Untersuchung über den menschlichen Verstand*, Berlin 2007, S. 45.

Zugestanden, für gewöhnlich würden wir nicht davon ausgehen, dass es zum beiderseitigen Stillstand der Kugeln kommt. Und doch scheint auch dieser Fall nicht geradewegs absurd, wenn man bedenkt, dass die von der anderen angestoßene Kugel bedeutend schwerer sein könnte. Wir können es logisch nicht ausschließen, sondern müssen uns durch Untersuchungen am Erfahrungsgegenstand zunächst der Tatsache vergewissern, wie es um das Gewicht der beiden Kugeln bestellt ist. Doch angenommen, wir hätten dies bereits und ließen es darauf ankommen, meinten wir dann nicht voraussagen zu können, was nach bestimmten physikalischen Impulsgesetzen geschehen sollte?

Die Entgegnung Humes würde lauten: Wie könnte ich sicher sein, dass die Kugel nicht im nächsten Moment ihr Gewicht ändert? Kann ich alle Ursachen überblicken, sodass die Wirkung eindeutig zu bestimmen wäre? Und selbst wenn, warum sollten sie sich nicht von einem Moment auf den anderen durch irgendwelche kleinen Veränderungen verschieben, sodass meine Bewertungsbasis erneut brüchig würde? Doch wäre das schon der entscheidende Punkt für Hume, dass all unsere Voraussagen nur ceteris paribus – unter gleichbleibenden Umständen – getätigt werden können?

Nein, Hume geht noch einen Schritt weiter, indem er vielmehr bezweifelt, dass überhaupt ein logisches Kausalitätsprinzip unserer sinnlichen Erfahrungswelt zugrunde liegt. Mag für die Mathematik oder Geometrie auch gelten, dass bestimmten Ursachen nach bestimmten Gesetzen auch bestimmte Wirkungen folgen, so stellt Hume jedoch zum einen infrage, ob dieser Grad der Bestimmtheit, nämlich ein logisch-absoluter, auch in der Erfahrungswelt gegeben ist; und zum anderen, ob die jeweilige Bestimmung unserer physikalischen Gesetze nicht bloß eine von vielen möglichen Welten abbildet.

Denn ließen sich nicht auch andere Welten denken beziehungsweise vorstellen, in denen andere Gesetze herrschen als in der unsrigen? Durchaus. Doch was kann uns dann zuletzt davon überzeugen, dass die unsrige ewig mit sich identisch bleibt (Gleichförmigkeitsprämisse x), statt kurzerhand ihre Gesetze zu ändern? Die Logik? Nein, weil es gewissermaßen der Logik selbst widerspricht, sich zu ändern. Die Erfahrung? Nein, weil sie ausschließlich für den jeweiligen Moment bestimmen lässt, was der Fall ist beziehungsweise war, ohne jedoch dadurch auch mit logischer Notwendigkeit, a priori, die Zukunft zu erschließen. Vielmehr ist es gerade die Veränderung, das Werden der Erscheinungswelt, das die Erfahrung überhaupt zu einer eigenständigen Erkenntnisquelle werden lässt – eben im Unterschied zur logischen Ewigkeit des Denkens.

x
Gleichförmigkeitsprämisse
Die Gesetze der Natur bleiben stets dieselben, nur die Gegenstände ändern sich und zwar gemäß diesen Gesetzen.

Grundlagen der Erkenntnis

Aus einer weiteren Perspektive betrachtet und mit Blick auf Descartes dreht Hume das Verhältnis von logischem Denken und sinnlicher Anschauung in der Erkenntnis also auf folgende Weise um: Nicht die logische Selbstgewissheit des Denkens innerhalb einer sich wandelnden Welt ist der Ausgangspunkt der Erkenntnis, sondern der Wandel selbst, wie er sich in der sinnlichen Erfahrung erst manifestiert. Nicht logische Notwendigkeit unterfüttert die Erfahrung, sondern umgekehrt nährt die Erfahrung eines wirklichen Wandels erst die Erkenntnis; eine Erkenntnis jedoch, deren Reichweite dadurch entschieden eingeschränkt wird. Gibt es keine logische Notwendigkeit mehr in der Erfahrungswelt, die deren wirkliche Wahrheit verbürgt, öffnet sich der Blick in Zukunft auf bloße Wahrscheinlichkeiten. Wie sind diese dann aber zu verstehen, wenn auch Hume nicht leugnen kann, dass wir gewisse Zusammenhänge zumindest wahrnehmen?

»Wo immer die Wiederholung einer bestimmten Handlung oder Tätigkeit die Neigung hervorruft, dieselbe Handlung oder Tätigkeit ohne irgendeinen Anstoß durch eine Schlußfolgerung oder einen Verstandesvorgang zu erneuern: Da sagen wir stets, diese Neigung sei die Wirkung der *Gewohnheit*. [...] Dieses Prinzip ist es allein, das unsere Erfahrung uns nutzbringend gestaltet und uns für die Zukunft eine Kette gleichartiger Ereignisse erwarten läßt wie die in der Vergangenheit aufgetretenen.«[62]

Wie die antiken Skeptiker, so beruft sich auch Hume auf herkömmliche Meinungen, die wir stets schon angenommen haben, ohne eigens von ihnen überzeugt worden zu sein. Allein, mit einem Unterschied: Hume will sich nicht gänzlich damit begnügen, die Gewohnheit nur namhaft zu machen, er will zugleich ihre Entstehung untersuchen. Denn die Erfahrung »gestaltet« uns die Gewohnheit »nutzbringend« erst dadurch, dass sie immer wieder bestimmte Gegenstände gemeinsam mit anderen auftreten lässt und derart auf Dauer eine feste Assoziation in unserem Gedächtnis hervorruft. Statt einer bestimmten Logik folgt diese »Kraft der Gewohnheit« ihrerseits einem gewissen Gefühl, das auch auf das Denken durchpaust:

»Jeder Gegenstand, der sich dem Gedächtnis oder den Sinnen bietet, führt die Einbildung unmittelbar durch die Kraft der Gewohnheit dazu, denjenigen Gegenstand vorzustellen, der gewöhnlich mit ihm auftritt, und diese Vorstellung ist von einer Empfindung oder einem Gefühl begleitet, das sich von den ungebundenen Träumereien der Phantasie unterscheidet. Hierin besteht das ganze Wesen des Glaubens.«[63]

Spricht Hume von Glauben (»belief« im Original), beabsichtigt er zu guter Letzt nicht, Gott die Ehre zu erweisen. Stattdessen hat Hume vielmehr etwas im Auge, das in Sachen des Gefühls dem entspricht, was Isaac Newton [x] im Verhältnis physikalischer Körper Gravitation genannt hatte. Als eine besondere Form von Anziehungskraft scheint unsere Gewöhnung bestimmte Erfahrungen und Ideen miteinander zu versammeln, sie sich gleichsam wechselseitig beiwohnen und auf einander eingewöhnen zu lassen.

x
Isaac Newton
1643–1727
Der weltberühmte Naturwissenschaftler hatte das Gesetz der Gravitation 1686 in seiner *Philosophiae Naturalis Principia Mathematica* aufgestellt.

»Sehe ich eine Billardkugel auf einem glatten Tisch sich gegen eine andere bewegen, so kann ich mir leicht vorstellen, daß sie bei der Berührung stillstehen wird. Diese Vorstellung enthält keinen Widerspruch; dennoch fühlt man dabei ganz anders als bei jener Vorstellung, durch die ich mir den Stoß und die Mitteilung der Bewegung von einer Kugel zur anderen repräsentiere. [...] Ich sage also, daß Glaube weiter nichts als eine lebendigere, lebhaftere, eindringlichere, festere und beständigere Vorstellung von einem Gegenstand ist, als die Einbildung allein je zu erreichen fähig ist.«[64]

Auf dem Grund von Humes Theorie der Erkenntnis stoßen wir auf die Kultur der Empfindsamkeit [x]. Die Assoziation der Gegenstände erfolgt durch eine Gewohnheit, die im Prinzip daran glaubt, dass allen Dingen ein natürlicher Ort vergleichbar einer eigenen Heimstatt bereitet ist. Doch die Absetzung erfolgt nicht allein gegenüber einer rationalistischen Betonung von strenger Notwendigkeit und Gesetz, sondern gleichermaßen gegenüber der gegenteiligen Gefahr, die aus dem empiristischen Glauben erst zu erwachsen scheint und bald die stürmischen und bedrängten Gemüter beherrschen wird: die »ungebundenen Träumereien der Phantasie«.

x
Empfindsamkeit
Bürgerliche Rückzugsbewegung aus dem rationalistischen Repräsentationsgebaren des Absolutismus in den Gefühlskult der Privatheit und Aufrichtigkeit.

Diese drohen den behüteten Glauben an das Gewöhnliche irre zu machen durch neue aufbrausende Gedanken und ein Prometheisches Gebaren [x]. Dementsprechend unterscheidet Hume auch ausschließlich nach der unterschiedlichen Intensität der Vorstellungen, die an sich allesamt ein Ausdruck der menschlichen Einbildungskraft sind. Während eine ungebundene Fantasie Gefahr läuft, in Schwärmereien auszuarten, bindet sich die gewöhnliche Einbildungskraft an ihre Nächsten:

»Ich höre z. B. gerade jetzt die Stimme eines Bekannten; der Ton kommt aus dem Nebenzimmer. Der Eindruck auf die Sinne führt augenblicklich meine Gedanken zu diesem Menschen und zugleich zu allen ihn umgebenden Gegenständen. Ich male sie mir aus als gegenwärtig existierend mit allen Eigenschaften und Beziehungen, die ich früher an ihnen kannte. Diese Ideen gewinnen festeren Halt in meinem Geiste als Ideen von einem verwunschenen Schlosse.«[65]

Der schmale Grat der Imagination verläuft zwischen zwei Formen von Vorstellungen: die Vorstellung eines von der Freundesstimme hervorgerufenen Tagtraums und diejenige einer eher abschweifenden Fantasie über ein verwunschenes Schloss. Denn die Einbildungskraft ist auch für die »lebendigere, lebhaftere, eindringlichere, festere und beständigere Vorstellung« des eindrücklichen Gegenstandes verantwortlich – wenn auch nicht gänzlich, wie im Falle ihrer Ausschweifungen.

»In der Philosophie können wir nicht weiter gehen als bis zu der Behauptung, daß der Glaube etwas vom Geist Empfundenes ist, was die Ideen der Urteilskraft von den Fiktionen der Einbildungskraft unterscheidet. Er gibt ihnen mehr Gewicht und Einfluß, läßt sie bedeutsamer scheinen, drückt sie dem Geist auf und macht sie zum herrschenden Prinzip unserer Handlungen.«[66]

x
Prometheus
Der griechische Titan Prometheus (»der Vorausdenkende«), der einst den Göttern das Feuer gestohlen haben soll, um es den Menschen zu überbringen, hat sich als der Mythos der Moderne erwiesen. Neben Johann Wolfgang Goethes (1749-1832) Dichtung brachte auch Mary Shelleys (1797-1851) *Frankenstein* den Geniekult unmittelbar mit Prometheus in Verbindung.

Dieses Zitat geht dem vorherigen unmittelbar voran und macht zuletzt deutlich, worin das Kriterium besteht, »Fiktionen« von »Ideen« der Einbildungskraft zu unterscheiden: Wie bereits bei Descartes ist es die »Urteilskraft«. Diese wird nun aber nicht mehr als Inbegriff einer »res cogitans« verstanden, die sich mit der Welt der »res extensa« durch den Zweifel entzweit. Die Entzweiung mit der Welt droht nunmehr eher vonseiten ausschweifender Fiktionen der Einbildungskraft; derweil übernimmt die Urteilskraft vornehmlich den Part, den empfindsamen Geist an Gewohntes zu binden.

Auch hier übernimmt die Urteilskraft also die Herrschaft über die Einbildungskraft; allein diesmal nicht, indem sie sich auf die logische Selbstgewissheit des Zweifels gegenüber einer betrügerischen Welt stützt, sondern vielmehr umgekehrt auf den Glauben an die Empfindsamkeit für die gewohnte Umwelt. Schien die Einbildungskraft im Falle Descartes bedrängend und täuschend, flieht sie bei Hume selbst die Enge und Strenge der Ratio.

»Die *Einbildungskraft* des Menschen ist von Natur erhaben, entzückt sich an allem Entlegenen und Außerordentlichen und stürmt ohne Aufsicht in die weitesten Fernen des Raumes und der Zeit, um den Gegenständen aus dem Weg zu gehen, welche Gewohnheit ihr allzu vertraut gemacht hat. Eine gerade *Urteilskraft* beobachtet die gegenteilige Methode, vermeidet alle weit und hoch führenden Untersuchungen, beschränkt sich auf das gewöhnliche Leben und solche Gebiete, die im täglichen Handeln und in der Erfahrung vorkommen, und überläßt die erhabenen Themen den Dichtern und Rednern zur Ausschmückung oder der Kunst der Priester und Staatsmänner.«[67]

Erst dann, wenn sich die Einbildungskraft durch eine skeptische Urteilskraft zu zügeln weiß, können beide auf wunderliche Weise zusammenfinden in der »prästabilierten Harmonie zwischen dem Laufe der Natur und der Abfolge unserer Ideen«.[68] Hume aber kann überhaupt nur an diese prästabilierte Harmonie [x] glauben, weil sein konservatives Gemüt sich mittlerweile an einen Frieden gewöhnen durfte, von dem Descartes seinerzeit nicht einmal zu träumen wagte. Diese an sich unerklärliche, doch zweifellose Harmonie des Empirismus spiegelt sich im empfindsamen Glauben an den Common Sense [x] [69] aller Menschen wider: Ob zwischen Sternen oder Gedanken, überall zieht eine unergründliche Anziehungskraft ihre Bahnen und flicht ihre Bande.

x
Prästabilierte Harmonie
Das von Gottfried Wilhelm Leibniz (1646–1716) für das Leib-Seele-Problem erdachte Prinzip, wonach zwei getrennte Systeme dennoch wie zwei gleich eingestellte Uhren miteinander harmonieren.

x
Common Sense
Im Deutschen gerne mit »gesundem Menschenverstand« wiedergegeben geht die Formulierung auf den lateinischen Begriff des »sensus communis« zurück, der eine allgemeinmenschliche Basis für Werturteile angeben soll. Sein Verhältnis zum sogenannten »moral sense«, wie er namentlich auch bei Hume auftaucht, ist äußerst verwickelt.

Es wird noch eine Weile dauern, bis dieses zweifelhafte Idyll eines glücklichen Inseldaseins von Fabrikschloten überschattet wird. Nicht mehr allzu lange jedoch, bis Dichter, Redner, Priester und Staatsmänner in Paris den natürlichen Commen Sense aufkündigen. Zunächst aber meint man noch in Königsberg die Philosophie revolutionieren zu müssen.

Jede Disziplin hat ihre Revolutionen. Immanuel Kants Kritik der Vernunft ist die philosophische Variante der politischen Revolutionen in Amerika und Frankreich sowie der industriellen in England. Wie die anderen auf ihrem Gebiet so hat sie auf dem der Philosophie das Zeitalter der Moderne eingeläutet – mit bis heute weitreichenden Folgen. Doch wie bei den anderen stellt sich auch bei ihr die Frage, ob sie einen tatsächlichen Bruch mit den herkömmlichen Auffassungen bedeutete oder eher deren tatkräftigen Umbruch. Lassen sich Gedanken überhaupt umstürzen? Oder eher umgestalten?

Immanuel Kant

Es gibt kaum einen Denker in der Philosophiegeschichte, bei dem sich alle Lager derart einig sind über die Bedeutung seines Werks. Man kann ihn mögen oder auch nicht, doch niemand würde bezweifeln, dass nach Immanuel Kants ˣ kopernikanischer Wende ˣ die Philosophie nicht mehr zurückkann hinter die gewonnenen Einsichten.[70] Kants Werk steht gewissermaßen für den revolutionären Übergang von einem Vernunftdogmatismus zu einer Vernunftkritik innerhalb des modernen Denkens. Sein umfassendes Projekt einer Kritik der Vernunft ˣ verstand sich zugleich als eine Selbstkritik der Vernunft, durch die sich die Philosophie einerseits ihre metaphysischen Macken austreiben und andererseits ihr eigenes Territorium erobern sollte.

x
Immanuel Kant
1724–1804
Kant hatte Zeit seines Lebens seine Heimatstadt Königsberg nie für längere Zeit verlassen, wohingegen seine Philosophie die ganze Welt erobern sollte.

x
Kopernikanische Wende
So nannte Kant seine philosophische Entdeckung, dass sich unsere Erkenntnis nicht nach den Objekten, sondern die Objekte nach unserer Erkenntnis richten.

x
Kritik der Vernunft
Ausgeführt in drei Hauptwerken der Philosophiegeschichte, die ursprünglich eher als Vorbereitung für die Metaphysik als Wissenschaft gedacht waren: *Kritik der reinen Vernunft* 1781, *Kritik der praktischen Vernunft* 1788, *Kritik der Urteilskraft* 1790.

Eine Rolle spielte dabei Humes empiristischer Erfahrungsbegriff, von dem Kant behauptete, er habe seinen »dogmatischen Schlummer«[71] unterbrochen sowie gleichermaßen Descartes rationalistischr Wahrheitsanspruch. Beide sollte er so miteinander verbinden, dass er weder zu einer metaphysischen Letztbegründung Zuflucht nehmen noch in einem philosophischen Psychologismus enden musste; indes er beide an kritischem Tiefblick und spekulativer Höhe noch ausstach.

Kant wirft mit Hume nicht allein die Frage nach der Notwendigkeit von objektiven Erkenntnissen auf, sondern beantwortet dessen Zweifel frei nach Descartes zugleich mit ihrer Begründung in den Vermögen des subjektiven Selbstbewusstseins. Kant fragt weniger nach dem Prinzip als nach den Weisen und der Möglichkeit unserer Erkenntnis, um deren Notwendigkeit darzutun. Dabei nimmt er an, dass es neben Erkenntnissen nach der Erfahrung, sogenannten Erkenntnissen a posteriori, auch Erkenntnisse a priori geben solle, die nicht allein auf die Mathematik beschränkt bleiben, sondern auch in der Erkenntnis unserer Erfahrung eine wesentliche Rolle spielen. Die transzendentale und zugleich revolutionäre Frage Kants lautet: Was sind die Möglichkeitsbedingungen der Notwendigkeit unserer Erkenntnis? Und die Antwort wird im Groben die sein: das korrelativ-konstitutive Verhältnis von Subjekt und Objekt überhaupt.

Was derart abstrakt klingt, hat jedoch einen äußerst konkreten Sinn. Dass die Erkenntnisobjekte sich im Zuge der kopernikanischen Wende überhaupt nach dem Erkenntnissubjekt richten können, ergibt sich daraus, dass sie von ihm gewissermaßen selbst produziert werden, und zwar nicht nur als Artefakte, sondern von Grund auf: Die sinnlich erfahrbare Welt in ihrer ganzen Mannigfaltigkeit ist eine bloße Erscheinung von an sich unerkennbaren Dingen [x]. Als diese Erscheinungswelt aber ist sie gerade eine Hervorbringung unserer selbst, das heißt der Einbildungskraft im Verein mit anderen Vermögen und gemäß bestimmten Gesetzen des Selbstbewusstseins.

x
Dinge
Kant unterscheidet zwischen Dingen an sich und ihren Erscheinungen für uns. Allein Letztere vermögen wir anhand unserer Sinne und unseres Verstandes zu erkennen, wohingegen Erstere jenseits unserer Reichweite liegen sollen.

Während wir die Erscheinung derart selbst gestalten, bleibt uns das Ding an sich jedoch genauso dunkel wie der Kern unseres eigenen Selbstbewusstseins, das wir an sich nicht zu fassen vermögen. Kant spricht von einem transzendentalen Subjekt und einem transzendentalen Objekt, die beide zusammen die grundlegendsten Möglichkeitsbedingungen der Erscheinungswelt bilden und sich wie zwei entgegengesetzte Pole zueinander verhalten: Ich und das Andere. Wie bei einem Blick in den Spiegel sehen wir nur Oberflächen (Erscheinungen); selbst unser Blick in unsere eigenen Augen offenbart nur dasselbe abgründige Schwarz (transzendentales Subjekt und Objekt).

Damit haben sich die philosophischen Parameter entschieden verschoben. Der Raum möglicher Erkenntnis mit objektivem Anspruch schrumpft auf die Welt der Erscheinungen zusammen, während auch das Subjekt sich seiner selbst nicht mehr als einer metaphysischen Substanz gewiss sein kann. Nach Kant ist nicht einmal mehr ausgemacht, ob ein Subjekt überhaupt ohne ein Objekt bestehen kann. Denn beide sind insofern eben auch transzendental, als sie die wechselseitige Bedingung ihrer Möglichkeit darstellen: Ohne Subjekt kein Objekt, aber umgekehrt auch ohne Objekt kein Subjekt – beide korrelieren konstitutiv.

Dementsprechend konzentriert sich alles auf die Frage, wie wir die Erscheinungswelt hervorbringen, um wiederum eine Antwort auf die Frage zu finden, wie die Notwendigkeit von Erkenntnis garantiert sein kann. Im Zentrum dieser Frage steht der kantische Erfahrungsbegriff. Dieser ist kein absolut idealistischer, vielmehr ein transzendentalrealistischer. Auch wenn Kant davon ausgeht, dass die Welt ein Konstrukt unserer Erkenntnisvermögen ist, während sie uns erscheint, so trägt doch auch das transzendentale Objekt beziehungsweise das Ding an sich einen wesentlichen Teil dazu bei: Jede objektive Erkenntnis, das heißt jede Erkenntnis eines Objekts durch ein Subjekt, setzt sich sowohl aus intellektuellen Formen des Subjekts als auch einem sinnlichen Stoff des Objekts zusammen. Beide zusammen machen erst die Erscheinung des Gegenstandes aus.

Der klassische Stoff-Form-Dualismus wird bei Kant jedoch dadurch noch verschärft, dass er zugleich als ein unversöhnlicher Dualismus der menschlichen Natur auftritt. Verstand und Sinnlichkeit werden auf das Strengste voneinander getrennt. Nach Kant sind es geradewegs zwei menschliche Naturen, die auch in ihren entsprechenden Vermögen, der begrifflichen Reflexion und der anschaulichen Wahrnehmung, von selbst nicht zueinander finden. Die Rede ist gar von zwei verschiedenen Erkenntnisstämmen, von deren gemeinsamer Wurzel wir keine Ahnung haben sollen.[72]

x
Analyse
Wörtlich »Zersetzung«. Analyse (von altgriechisch »Auflösung«) im philosophischen Kontext meint die logische Zerlegung eines Begriffs in seine Bedeutungsbestandteile und -relationen zu anderen Begriffen.

x
Synthese
Die Synthese (von altgriechisch »Zusammenstellung«) der Erkenntnis bei Kant meint eine unabdingbare Verknüpfung von den empirischen Anschauungen unserer Sinne mit den logischen Regeln der Begriffe. Analyse und Synthese verhalten sich komplementär zu einander.

Dem zum Trotz müssen gerade beide Vermögen zusammenwirken, um erfahrungsgesättigte Erkenntnisse zu liefern. Geschieht dies, spricht Kant von einem synthetischen Urteil a posteriori und meint damit, dass nicht allein durch eine Analyse x von Begriffsbeziehungen Erkenntnisse entstehen, sondern dass Tatsachen der Erfahrung mit diesen Begriffen synthetisiert x werden, um sie überhaupt mit einem lebensweltlichen Gehalt anzureichern. Dabei wird nicht etwa ein formeller Begriff am stofflichen Objekt bloß aufgefasst, sondern beide werden vom Subjekt regelrecht zusammengesetzt. Mit anderen Worten ist jeder Erkenntnisakt zugleich ein Gestaltungsakt. Wir sind uns dessen jedoch genauso wenig bewusst wie, dass die beiden Hauptakteure dieser unbewussten Synthese der Erscheinungswelt unsere Einbildungs- und Urteilskraft sind.

Schematismus

Die Tiefe des kantischen Denkens erweist sich nun darin, dass er den weltbildenden Gestaltungsakt en détail philosophisch aufarbeitet. Ein wesentlicher Punkt ist hierbei der sogenannte Schematismus, der das eigentliche Herzstück der unbewussten Weltgestaltung darstellt. Dieser kreist um die Frage, wie wir überhaupt einen an sich leeren Begriff unseres Verstandes auf eine an sich blinde Anschauung unserer Wahrnehmung anwenden können.

»Das Schema ist an sich selbst jederzeit nur ein Produkt der Einbildungskraft; aber indem die Synthesis der letzteren keine einzelne Anschauung, sondern die Einheit in der Bestimmung der Sinnlichkeit allein zur Absicht hat, so ist das Schema doch vom Bilde zu unterscheiden. So, wenn ich fünf Punkte hintereinander setze ..... ist dieses ein Bild der Zahl fünf. Dagegen, wenn ich eine Zahl überhaupt nur denke, die nun fünf oder hundert sein kann, so ist dieses Denken mehr die Vorstellung einer Methode, einem gewissen Begriff gemäß eine Menge (z.B. Tausend) in einem gewissen Bild vorzustellen, als dieses Bild selbst [...]. Diese Vorstellung nun von einem allgemeinen Verfahren der Einbildungskraft, einem Begriff sein Bild zu verschaffen, nenne ich das Schema zu diesem Begriff.«[73]

Kant fasst das Schema explizit als ein Produkt der Einbildungskraft, die sich somit als die entscheidende Vermittlungsinstanz erweist. Um eine individuelle Gestalt beziehungsweise ein »Bild« eines bestimmten Begriffs geht es primär nicht, sondern um ein allgemeineres Schema, quasi um einen Typ [x], der zwischen der konkreten Anschaulichkeit eines einzelnen Gegenstandes und seines allgemeinen, abstrakten Begriffs gleichsam in der Mitte schwebt. Wir finden im Schema also ein vermittelndes Drittes, das die Kluft zwischen den beiden Domänen des begreifenden Verstandes und der anschauenden Sinne überbrückt.

x
Typ
Wie das Schema so setzt auch das moderne Design in der Mitte zwischen konzeptueller Allgemeinheit und konkreter Einzelheit an. Es vermittelt durch Typisierung.

Gleichwohl dürfen wir uns dieses Schema nicht einfach als eine Schablone vorstellen, sondern, wie Kant betont, soll es sich vielmehr um eine »Vorstellung einer Methode« handeln beziehungsweise um ein »allgemeines Verfahren der Einbildungskraft, einem Begriff sein Bild zu verschaffen«. An anderer Stelle bringt Kant das Schema mit dem disegno x der Renaissance in Verbindung. Aus heutiger Sicht könnte man jedoch auch von bestimmten Verarbeitungsprozessen sprechen, die einem programmiertem Ablauf folgen (CNC-Maschinen samt CAD-Programmen). Demnach geht es mehr um die Schematisierung beziehungsweise Typisierung als um das jeweilige Schema beziehungsweise den jeweiligen Typ, mithin um den Prozess im Unterschied zum Resultat.

x
Disegno
Von »designare« (lateinisch für »bezeichnen«) abgeleitet, meint Disegno die Zeichnung zum einen als konkreter Entwurf und zum anderen als abstraktes Konzept. Der Wortgebrauch changierte zwischen den beiden Bedeutungen – und zwar aus guten Gründen.

Kants moderne Antwort auf den klassischen Stoff-Form-Dualismus ist demnach das Schema als ein bestimmtes Entwurfsprozedere, das sich auf der Grenze zwischen Bild und Begriff, Gestalt und Gedanke oder auch Ausführung und Konzept bewegt. Die ganze Aufmerksamkeit liegt auf dem Übergang x der jeweiligen Komponenten, an dem sich auch das Verhältnis von Geist und Materie überhaupt ablesen lässt. Die Frage lautet für Kant nicht mehr, wie sich Stoff und Form zu der erscheinenden Gestalt eines Gegenstandes zusammensetzen, sondern wie sie durch einen unbewusst-vermittelnden Akt subjektiver Gestaltung zu dieser Gestalt zusammengesetzt werden.

x
Übergang
Kant formuliert aus, was Platon unter mannigfaltigen Namen bereits angedacht hatte: ein »Medium« (die »Prägemasse« etc.) der Formungen und Materialisationen.

Die Transzendentalphilosophie hat also nicht nur an manchen Punkten Ähnlichkeit mit einer Designtheorie, sondern sie ist im Kern selbst eine und nicht nur irgendeine, sondern die erste und zugleich fundamentalste der Moderne. Seit Kants Selbstkritik der Vernunft erkennt sich der Mensch anstelle Gottes in der Rolle wieder, der eigentliche Gestalter seiner (Erscheinungs-)Welt zu sein.

Wegweisend hierfür ist Kants Verständnis der Einbildungskraft. Obiger Passus, in dem vor allem die Einbildungskraft als Vermögen vorgestellt wird, einem Begriff sein Bild (oder allgemeiner: einem Gedanken seine Gestalt) zu verschaffen, findet sich in der *Kritik der reinen Vernunft* unter der größeren Überschrift einer »transzendentalen Urteilskraft« – und das aus gutem Grund. Was in einer Richtung als eine Veranschaulichung von abstrakten Begriffen mittels einer schematisierenden Einbildungskraft zu fassen ist, lässt sich ebenso gut in der anderen Richtung als ein Begreifen von konkreten Erscheinungen mittels einer subsumierenden Urteilskraft verfolgen:

»Urteilskraft überhaupt ist das Vermögen, das Besondere als enthalten unter dem Allgemeinen zu denken. Ist das Allgemeine (die Regel, das Prinzip, das Gesetz) gegeben, so ist die Urteilskraft, welche das Besondere darunter subsumiert, [...] *bestimmend*. Ist aber nur das Besondere gegeben, wozu sie das Allgemeine finden soll, so ist die Urteilskraft bloß *reflektierend*.«[74]

Ob ich nun vom Gedanken zur Gestalt vermöge der Einbildungskraft übergehe oder umgekehrt von der Gestalt zum Gedanken vermöge der Urteilskraft – beide Übergänge sind als gegenläufige zugleich komplementäre Momente eines einzigen Vermittlungsprozesses, der fundamentaler nicht sein könnte: Während die Einbildungskraft den Zusammenhang von Geist und Materie jederzeit unbewusst hervorbringt, »bestimmt« die Urteilskraft ihn gewissermaßen fortwährend. Erst wo beide dies auf bewusste Weise tun, beginnt einerseits die Einbildungskraft zu designen, indem sie mit dem nötigen Urteilsvermögen zu Werke geht, und andererseits die Urteilskraft zu philosophieren, indem sie mit größtmöglicher Fantasie ihre Reflexionen vorantreibt. So gesehen ist Kants Transzendentalphilosophie ihrerseits das moderne Schema für eine philosophische Gestaltung und eine gestalterische Philosophie, wie sie sich seit dem Aufkommen künstlerischer Genies und industrieller Maschinen anbahnt. Doch was heißt das konkret?

Ästhetische Ideen

Die *Kritik der Urteilskraft*, der obiges Zitat entstammt, ist das letzte der drei Werke in Kants Projekt einer Neubegründung der Philosophie. Sie widmet sich unter anderem dem noch recht jungen Gebiet einer philosophischen Ästhetik [x] der Künste und indirekt auch einer des modernen Designs. Dabei stellt Kant seine ästhetischen Reflexionen nicht von ungefähr unter den Titel einer Kritik der Urteilskraft: Wie wir bereits erfahren haben, ist diese normalerweise dafür zuständig, Anschauungen auf Begriffe zu bringen, das heißt Erscheinungen innerhalb unserer sinnlichen Wahrnehmung als einzelne Veranschaulichungen von allgemeinen Begriffen zu erkennen (während die Einbildungskraft die Begriffe umgekehrt erst zu Bildern gemacht hat). Kant nennt diesen Vorgang eine Subsumtion, die eine begriffliche Bestimmung des erscheinenden Gegenstandes zur Folge hat, wenn sie gelingt.

x
Ästhetik
Als ihr eigentlicher Begründer (auch wenn sich schon bei Aristoteles Ansätze zu ihr finden) gilt Alexander Gottlieb Baumgarten (1714–1762), der erstmals mit seiner Schrift *Aesthetica* von 1750 die ästhetische Erfahrung als selbstständige Erkenntnisquelle konzipierte und damit philosophisches Neuland betrat. Seit Baumgarten bergen die Künste gewissermaßen eigene Erkenntnisse, die durch das sinnliche Erkenntnisvermögen des Geschmacks beurteilt werden.

Seine Kritik an der Urteilskraft zielt nun darauf, dass es mitunter Fälle gibt, bei denen diese Subsumtion scheitert. So im Falle eines Kunstwerks. Weder erkennt sich der Begriff in der Anschauung vollends wieder, noch ist dieses Je-ne-sais-quoi [x] derart bestimmungslos, dass es überhaupt nicht registriert würde. Stattdessen haben wir es mit einem Unbestimmten zu tun, das uns auf eine selbst bestimmte Weise unabweislich zu seiner Bestimmung auffordert. Die eigentliche Bestimmung dieses Unbestimmten erweist sich als eine unendliche Bestimmbarkeit. Es wird von uns nicht als ein eindeutig bestimmtes, wirkliches Etwas erkannt, sondern als ein vieldeutig-unbestimmtes, mögliches Etwas lediglich erfahren.

x
Je-ne-sais-quoi
Der französische Ausdruck für »ich weiß nicht was« meint ein begrifflich unbestimmbares, gewisses Moment, das nicht nur in Kunstwerken zum Vorschein kommt.

Wir erkennen den Gegenstand also nicht einfach, sondern finden uns in einem fortwährenden Spiel mit möglichen Bestimmungen wieder, das nach Kant eine ästhetische Lust im Subjekt freisetzt. Diese Lust rührt daher, dass die involvierten Erkenntnisvermögen zwar ihren Erkenntniszweck verfehlen, jedoch gleichwohl einer gewissen Zweckmäßigkeit ihrer wechselseitigen Abstimmung [x] aufeinander gewahr werden. Tritt dieser Fall ein, spricht Kant von einer »ästhetischen Erfahrung« des Schönen.

x
Wechselseitige Abstimmung
Die Urteilskraft bestimmt nicht mehr, sondern reflektiert, indes die Einbildungskraft den vorgestellten Gegenstand mit möglichen Fantasien umspielt, ihn gleichsam in eine imaginäre Schwebe versetzt. Urteils- und Einbildungskraft harmonieren miteinander, ohne auf einander reduziert werden zu können.

Fragt man nun, was genau einem Gegenstand Schönheit [x] verleiht, sieht man sich an Kants Konzept der ästhetischen Idee verwiesen. Ästhetische Ideen hervorzubringen ist laut Kant die genialische Begabung der künstlerischen Einbildungskraft. Sie sind dadurch gekennzeichnet, dass sie mehr zu denken geben, als sich durch die Begriffe des Verstandes fassen ließe. Die Urteilskraft scheitert dabei, die gegebenen Anschauungen unter einen Begriff zu bringen, und eine Erkenntnis bleibt aus, weil sich die ästhetische Idee dieser Subsumtion der Urteilskraft stets aufs Neue entzieht.

x
Schönheit
Das Schöne zählte schon in der Antike neben dem Wahren und Guten zu den drei höchsten Werten. Die Philosophiegeschichte ist voll von Versuchen, das Verhältnis dieser drei untereinander zu bestimmen, wobei nicht selten auch eine ihnen zugrundeliegende Einheit angenommen wurde. Spätestens mit der funktionalen Ausdifferenzierung der Moderne driften die drei Teilbereiche jedoch zunehmend auseinander.

Damit das ästhetische Spiel aber überhaupt in Gang kommen kann, braucht es noch zwei weitere Ideen: die »Vernunftidee« und die »Normalidee«. Erstere wird als Pendant der ästhetischen Idee eingeführt und soll umgekehrt einen Begriff darstellen, dem keine sinnliche Anschauung zu entsprechen vermag. Diesmal ist es die Einbildungskraft, die an einer anschaulichen Vorstellung der Idee scheitert. Die Normalidee hingegen unterscheidet sich von den beiden anderen, indem sie gewissermaßen jedem Objekt der Erkenntnis stets schon zugrunde liegt, ohne dass man sich einen adäquaten Begriff oder eine genaue Vorstellung von ihr machen könnte. Sie ist das gattungsmäßige Urbild einer jeden individuellen Erscheinung und bleibt als deren Muster gleichermaßen unerreichbar. Sie ist das Schema. Erst alle drei Ideen zusammen konstituieren die ästhetische Erfahrung des Schönen. Doch Kant kennt nicht nur eine Form des Schönen:

»Es gibt zweierlei Arten von Schönheit: freie Schönheit, oder die bloß anhängende Schönheit. Die erstere setzt keinen Begriff von dem voraus, was der Gegenstand sein soll; die zweite setzt einen solchen und die Vollkommenheit des Gegenstandes nach demselben voraus. Die ersteren heißen (für sich bestehende) Schönheiten dieses oder jenes Dinges; die andere wird, als einem Begriff anhängend (bedingte Schönheit), Objekten, die unter dem Begriffe eines besonderen Zwecks stehen, beigelegt.«[75]

Diese Passage ist von kaum zu überschätzender Bedeutung für die moderne Ästhetik. Kant unterscheidet eine selbstzweckhafte Kunst erstmals von einem zweckvermittelten Design. Fortan wird das Design sich immer wieder an einem Kunstbegriff messen lassen müssen, der einer an Zwecke gebundenen Praxis enthoben scheint und an dem es nur scheitern kann. Die Schönheit des Designs ist keine reine, »für sich bestehende«, sondern eine »bedingte«, weil sie an Zwecke gebunden bleibt. Seit Kant befindet sich das Design also in einem Zwiespalt: Es gerät zu sentimentalem Kitsch, wenn es sich nicht in den Dienst der Funktion stellt; einer Funktion allerdings, die das Design der Gefahr aussetzt, auf einen eindimensionalen Funktionalismus zu regredieren und in das andere Extrem einer sterilen Maschinenästhetik umzuschlagen.

Was die drei kantischen Ideen betrifft, gestattet diese zusätzliche Überlegung erst, ihren Zusammenhang weiter zu präzisieren und den besonderen Prozess des Entwerfens für das Design herauszuarbeiten. Demnach verkörpert die Normalidee nämlich eine Art Gestaltnorm der Gattung. Sie steht gewissermaßen für den Standard mit Blick auf die Gestalt eines Gegenstandes. Folglich ist ein derart gestalteter Gegenstand auch nicht als solcher schön zu nennen, sondern gefällt allein dadurch, dass er dem ästhetischen Empfinden nicht missfällt. Er ist lediglich musterhaft, schematisch, die Norm; der besondere Reiz einer bestimmten Unbestimmtheit geht ihm dagegen ab. Entsprechend gilt für die Vernunftidee, dass sie die Auffassung des Gegenstandes auf einen bestimmten Zweck hin ausrichtet. Wir begreifen den Gegenstand als zweckhaft für etwas. Die Vernunftidee gibt also einen Begriff von seiner Funktion, ohne dass eine optimale Funktionalität im Sinne einer Zweckerfüllung jemals erreicht werden könnte.

Die ästhetische Idee nun ist gleichsam das kreative Moment zwischen den beiden anderen Momenten der Gestalt und der Funktion. Erst sie vereinigt beide zu einem fortwährenden Prozess des Redesigns. Im Moment der ästhetischen Erfahrung, induziert durch die ästhetische Idee, reflektiert die Urteilskraft gemäß ihren Zweckbegriffen darüber, was an anderen Schematisierungen durch die Einbildungskraft möglich wäre. So ist die ästhetische Idee als unbestimmte Darstellung der Vernunftidee (Funktionsideal) zugleich der Ansatzpunkt zur Umgestaltung der Normalidee (Normgestalt). Sie repräsentiert jenen kurzen, doch ästhetisch erfahrbaren Moment, in dem das hergebrachte Verhältnis von Funktion und Gestalt eines Gegenstandes zur Disposition gestellt und offen wird für eine Neubestimmung.

Mit Blick auf die Schönheit der Kunst gegenüber der des Designs lässt sich folglich ein Unterschied daran festmachen, wie dieser Übergangspunkt der ästhetischen Idee für die jeweils eigenen Zwecke genutzt wird. Während die Kunst zum Ziel hat, die ästhetische Idee als solche zu produzieren und erfahrbar zu machen, dient sie dem Design lediglich als Durchgang zu einer neuen Zusammensetzung beziehungsweise Synthese von anschaulicher Gestalt und begrifflicher Funktion. Die Kunst erhebt die ästhetische Idee zum Selbstzweck und setzt sie auratisch ins Werk. In der Folge setzen die modernen Avantgardismen [x] auf eine abrupte Revolution gegenüber ihren jeweiligen Vorgängern. Das Design hingegen nutzt sie als Mittel zum Zweck eines Redesigns. Arte- oder Mentefakte werden vielmehr kontinuierlich reformiert.

x
Avantgardismus
Der aus dem militärischen Bereich stammende Ausdruck (französisch für »Vorhut«) benennt verschiedenste Gruppierungen am Anfang des 20. Jahrhunderts, die in sich selbst der Fortschritt verkörpert sahen und eine radikale Absetzung vom Hergebrachten propagierten.

Dabei zweckt die Gestaltung zwar jeweils auf ein bestimmtes Produkt ab, greift aber auf eine ganze Produktkette zurück, deren einzelne Glieder lediglich zeitbedingt unterschiedliche Gestaltungsresultate einer Handlung des Menschen manifestieren. Es gibt nicht den Stuhl als das eine Urbild, sondern lediglich eine Reihe von Stühlen und Stuhlentwürfen in ihrer geschichtlichen Abfolge, die wiederum einer grundlegenden menschlichen Handlung durch die Zeit hindurch Gestalt verleihen: dem Sitzen.

Übergang zur Industrialisierung

Gehen wir von hieraus noch einen Schritt über Kant hinaus, offenbart sich die Tragweite dieses Prozesses. Im Zuge der Industrialisierung [x] wird aus dem bloßen Deutungsgeschehen der ästhetischen Erfahrung, als das es Kant noch konzipierte, ein Produktionsgeschehen. Es geht nicht mehr um bloße Reflexion und eine Veränderung der subjektiven Einstellung, sondern um ein objektives Umgestalten der Welt, um ein Zurichten zum Produkt, um eine Adaption der Maschinen- an die Menschenwelt und umgekehrt.

x
Industrialisierung
Bezeichnet den Mitte des 18. Jahrhunderts in England einsetzenden Prozess einer mechanisierten Produktion und Distribution von Gütern als deren Folge sich die moderne Massengesellschaft herausbildete.

Die Industrieproduktion ist von vornherein so angelegt, dass die hervorbringenden Maschinen für sich allein zwecklos sind. Sie stellen bloße Mittel dar, die weitere Mittel produzieren, die wir wiederum nach unseren Zwecken zusammensetzen oder durch Maschinen zusammensetzen lassen. Wir füttern sie gleichsam mit idealen Gestalten, Typen, Schemata, die zu unterschiedlichsten Zwecken beziehungsweise Funktionen dienlich sein können. Umgekehrt kann nun auch eine gegebene Funktion zum Ausgangspunkt für Formexperimente werden, deren Grenzen von den Fähigkeiten der Maschinen zur Fertigung jeden Tag neu ausgemessen werden.

Dementsprechend lässt sich seit Kants Tagen ein Wechselspiel von Gestalt und Funktion im Praktischen beobachten, das zunehmend an Eigendynamik gewonnen hat. Gestalt und Funktion sind im Zuge der Industrialisierung jeweils für sich zum Ansatzpunkt von Innovationen geworden. Einmal aus dem konkreten Zusammenhang des Handwerks herausgerissen, wurden sie zu abstrakten Momenten eines modernen Produktionsprozesses. Sie wurden zu Momenten, die sich unabhängig voneinander ausdifferenzierten, um sich sodann auf höherer Ebene wieder synthetisieren zu lassen. So scheint es, als ob die menschliche Einbildungs- und Urteilskraft zugleich auseinander- und in die Welt hinausgetreten wären, um erst in unserer Gegenwart in der Form einer »Techno-Imagination«[76] samt ihren Auswertungsalgorithmen erneut zusammenzufinden.

Kant hingegen konnte nicht einmal ahnen, was seine Nachkommen noch erwarten würde. Dennoch lässt sich rückblickend zumindest ein gemeinsamer Ausgangspunkt zweier wesentlicher Traditionslinien der Moderne bei ihm ausfindig machen. Die Rede ist von einer gleichsam losgeisternden Einbildungskraft des Genies im Unterschied zu einer geistlosen Urteilskraft der Maschine. Zieht man von diesem Punkt die Linien der Designgeschichte aus, zeichnen sich zwei Extreme ab. Entweder orientiert sich das moderne Design an der unergründlichen ästhetischen Idee und will Kunst bleiben: Der Designer versteht sich als gestalterisches Genie. Oder das moderne Design beschränkt sich auf die Normalidee und die Vernunftidee, Normierung und Funktionsoptimierung, und gleicht sich der Tendenz nach der industriellen Maschinerie an, einer determinierten Serienproduktion.

Die eigentliche Aufgabe des Designs besteht jedoch in einer Vermittlung der beiden Extreme. Entsprechend verläuft die Designgeschichte ab der Londoner Weltausstellung [x] von 1851 entlang zweier Linien, die sich mehr und mehr wieder einander angenähert haben: Von Semper über Muthesius bis zum Neuen Frankfurt reicht die Linie des maschinen-affinen Funktionalismus. Von Morris über Van de Velde bis zum frühen Bauhaus die einer genialischen Sentimentalität. Dabei beweist die Designgeschichte lediglich, dass das Design einen wechselseitigen Anpassungsprozess der Extreme durchlaufen musste, weil es ihn auch heute noch selbst vorantreibt. Design in diesem Sinne ist nicht nur Kind, sondern selbst auch Motor der Modernisierung: eine proaktive Evolution der modernen Produktwelt (seltener ihre Revolution).

x
Londoner Weltausstellung
Die Great Exhibition fand vom 1. Mai bis zum 11. Oktober 1851 im Londoner Hyde Park statt, für die Joseph Paxton (1803–1865) eigens den Crystal Palace errichtet hatte. 6 Millionen Zuschauer fanden darin 17.062 Aussteller aus 28 Ländern.

Seit der kopernikanischen Wende Kants (wonach die Dinge sich nunmehr nach uns richten) ist auch das Design von einem modernen, einem transzendentalen Problembewusstsein gezeichnet: Als Bedingung unserer Möglichkeit hat sich erwiesen, dass wir die wachsende Welt der Arte- und Mentefakte weiterentwickeln müssen, damit wir weder von unserer eigenen Vergangenheit eingeholt, noch von unserer eigenen Zukunft überrannt werden. Wie einerseits die kantische Notwendigkeit unserer Erkenntnis durch unsere fundamentale Gestaltungstätigkeit verbürgt ist, so nötigt uns andererseits diese kantische Erkenntnis gerade dazu, unsere Welt auch weiterhin, doch geistesgegenwärtig zu gestalten.

Jede Disziplin hat ihre Geschichten; die Philosophie neben einer Philosophiegeschichte sogar ihre Geschichtsphilosophie. Ereignisse finden nicht einfach statt, sondern sind Momente einer fortschreitenden Entwicklung, deren Wege und Ziele es philosophisch zu begreifen gilt – zumindest für Hegel und Marx. Die Geschichte ist selbst ein Roman aus Geschichten, bei dem der Protagonist zwar nie recht weiß, wie ihm geschieht, jedoch darauf vertrauen darf, dass er ein gutes Ende nimmt – zumindest hoffen wir das. Oder warum erzählen wir uns immer wieder die Geschichte vom Fortschritt des Designs?

Zeitenwende um 1850

Bevor die Londoner Weltausstellung die Geister derart spalten konnte, dass sich zwei Grundauffassungen des modernen Designs – eine funktionalistische und eine sentimentale – entwickelten, musste bereits ein weiter Weg zurückgelegt sein. Zwischen der französischen, industriellen sowie philosophischen Revolution und Gottfried Sempers x kritischem Bericht über beziehungsweise William Morris x berichteter Kritik an den ausgestellten Designprodukten liegt ein halbes Jahrhundert.

Auch philosophisch betrachtet führt ein langer ereignisreicher Weg von Kant bis zur Mitte des 19. Jahrhunderts, wobei ebenfalls ab circa 1850 eine entscheidende Wende in der Philosophiegeschichte eintrat: Was mit Kant als eine transzendentalphilosophische Revolution anhob, sollte sich über Johann Fichte x und Friedrich Schelling x noch bis zu Hegel als der sogenannte Deutsche Idealismus entfalten, um sodann durch den historischen Materialismus eines Karl Marx vom Kopf auf die Füße gestellt zu werden.

Dabei wusste Marx selber am besten, dass er Hegel zu Dank verpflichtet war, was sein geschichtliches Entwicklungsmodell betraf: Ausgehend von und zugleich angehend gegen Hegel ließ er gewissermaßen die Materialität des historischen Ideengemäldes in den Vordergrund treten und schaffte es derart, das Genre nochmals neu zu erfinden. Die Dreierfolge einer geschichtlichen Aufhebungsbewegung von These, Antithese und Synthese x behielt er hingegen bei. Auch bei Marx weht ein Geist durch die Weltgeschichte, wenngleich es sich eher um das »Gespenst des Kommunismus«[77] handelt.

Dass Marx es aber überhaupt für nötig erachtete, die idealistische Nachzeichnung des Weltgeschehens einer Korrektur zu unterziehen, ist wiederum einem bestimmten Umstand geschuldet: der Industrialisierung. Doch nicht erst Marx scheint sich ihrer gravierenden Folgen bewusst gewesen zu sein. Schon Hegel sah sie heraufziehen.

x
Gottfried Semper
1803–1879
Der berühmte Architekt und Kunsttheoretiker veröffentlichte 1852 den Bericht *Wissenschaft, Industrie und Kunst* über die Great Exhibition und die Diskrepanz zwischen technologischem Stand und gestalterischem Ausdruck.

x
William Morris
1834–1896
Der Mitbegründer der Arts-and-Crafts-Bewegung fasste den Gesamteindruck seines kurzen Weltausstellungsbesuchs mit den Worten zusammen: »wonderfully ugly«.

x
Johann Gottlieb Fichte
1762–1814
Fichte verstand sich als Nachfolger Kants. Erst in jena entpuppte sich Fichte als Begründer des deutschen Idealismus.

x
Friedrich Wilhelm Joseph Schelling
1775–1854
Zunächst trat Schelling in Fichtes Fußstapfen, überholt ihn jedoch schon bald; Hegel wiederum bereitete er den Weg.

x
These, Antithese, Synthese
Diese stark vereinfachte Auffassungsweise der hegelschen und marxschen Dialektik macht zumindest deutlich, inwiefern Geschichte sich (wenn überhaupt) in Widersprüchen vorwärts bewegt, deren Lösung gerade keiner Seite gänzlich Recht gibt, sondern als eine dritte Position aus dem Widerstreit beider hervorgeht.

Georg Wilhelm Friedrich Hegel

Beginnen wir mit Friedrich Hegel x , wird dies bereits an einem seiner berühmtesten Zitate deutlich, in dem sich sein Vernunft- und Wirklichkeitsverständnis auf den Punkt gebracht findet: »Was vernünftig ist, das ist wirklich; und was wirklich ist, das ist vernünftig.«[73] In der Vorrede seiner *Grundlinien der Philosophie des Rechts* von 1821, einem Vorlesungskompendium für seine Zuhörer, formuliert Hegel diese augenscheinliche Tautologie als die höchste Einsicht in die Wirkungsmacht der Vernunft und die Vernünftigkeit der Wirklichkeit.[79] Doch mehr als eine bloß rhetorische Wendung, verbirgt sich hinter der doppelseitigen Formulierung vernünftig = wirklich eine kritische Pointe: Was Hegel gerade mit der zweiten Sentenz hervorhebt, zielt auf das (vermeintliche) Missverständnis seiner Zeitgenossen, der Vernunft erst durch revolutionäre Umtriebe zur Wirklichkeit verhelfen zu müssen.

x
Georg Wilhelm Friedrich Hegel
1770–1831
Hegel sollte sich erst nach der Jahrhundertwende als einer der bedeutendsten Philosophen des Abendlandes herausstellen. Die Tragweite und der Tiefsinn seines philosophischen Systems sind bis heute einzigartig.

Stattdessen, so behauptet Hegel, habe sich die Vernunft bereits und stets selbst zu helfen gewusst, was ihre Verwirklichung anbelangt. Allein, es fehle den Meisten, allen voran den selbsternannten Revolutionären im Namen der Vernunft, bloß an dem vernünftigen Wirklichkeitssinn, dies auch anzuerkennen:

»Das was *ist* zu begreifen, ist die Aufgabe der Philosophie, denn das *was ist*, ist die Vernunft. Was das Individuum betrifft, so ist ohnehin jedes ein *Sohn seiner Zeit*; so ist auch die Philosophie *ihre Zeit in Gedanken erfaßt*. Es ist ebenso töricht zu wähnen, irgendeine Philosophie gehe über ihre gegenwärtige Welt hinaus, als, ein Individuum überspringe seine Zeit [...]. Geht seine Theorie in der Tat drüber hinaus, baut es sich eine Welt, *wie sie sein soll*, so existiert sie wohl, aber nur in seinem Meinen – einem weichen Elemente, dem sich alles Beliebige einbilden läßt.«[80]

Die Aufgabe der Philosophie lautet demnach, in Gedanken zu erfassen, was sich bereits gezeitigt hat. Jeder (philosophische) Versuch hingegen, der eigenen Gegenwart vorauszudenken und der Zukunft vorzugreifen, läuft Gefahr, in Beliebigkeit zu enden oder schlimmer noch: gewissen Schwärmereien der Einbildungskraft zu erliegen.

Kurz darauf im Text gibt Hegel unmissverständlich zu verstehen, dass es der Philosophie schon von ihrem eigenen Wesen her eigen sei – wie die Eule der Minerva [x] ihren Flug erst in der Dämmerung begänne – erst im Nachhinein zu begreifen, was vor(her)ging: »Als der *Gedanke* der Welt, erscheint sie erst in der Zeit, nachdem die Wirklichkeit ihren Bildungsprozeß vollendet und sich fertig gemacht hat.«[81] Wäre die Philosophie an sich also sentimental zu nennen, vergleichbar einer nostalgischen Erinnerung an einen kindlichen »Bildungsprozeß«, den ein jeder zunächst wirklich durchlaufen haben muss, bevor man ihn später auch vernünftig begreifen kann?

x
Eule der Minerva
Minerva ist der lateinische Name für die griechische Göttin der Weisheit und Schutzgöttin sowie Namensgeberin der Stadt Athen: Pallas Athene. Ihr Attribut ist eine Eule (eigentlich ein Steinkauz), die sich zuhauf in der Stadt fanden.

Hegel würde sich vehement dagegen gesträubt haben, von Sentimentalität zu sprechen, da es ihm gerade darum geht, das bloße Gefühl des Einzelnen durch die Wirklichkeit der Vernunft eines Besseren zu belehren. Was Hegel einfordert, ist eine polit-philosophische Nüchternheit, die sich gegen sentimentale oder empfindsame Hoffnungen verwahren soll, eine Art Stoizismus. Denn selbst eine »kalte Verzweiflung, die zugibt, daß es in dieser Zeitlichkeit wohl schlecht oder höchstens mittelmäßig zugehe, aber eben in ihr nicht Besseres zu haben und nur darum Frieden mit der Wirklichkeit zu halten sei«,[82] erscheint gegenüber einer an sich vernünftigen Wirklichkeit noch als ein störrisches, sentimentales und darum unglückliches Bewusstsein.

»Wenn die Reflexion, das Gefühl oder welche Gestalt das subjektive Bewußtsein habe, die *Gegenwart* für ein *Eitles* ansieht, über sie hinaus ist und es besser weiß, so befindet es sich im Eitlen, und weil es Wirklichkeit nur in der Gegenwart hat, ist es so selbst nur Eitelkeit. Wenn umgekehrt die *Idee* für das gilt, was nur so eine Idee, eine Vorstellung in einem Meinen ist, so gewährt hingegen die Philosophie die Einsicht, daß nichts wirklich ist als die Idee. Darauf kommt es dann an, in dem Scheine des Zeitlichen und Vorübergehenden die Substanz, die immanent, und das Ewige, das gegenwärtig ist, zu erkennen. Denn das Vernünftige, was synonym ist mit der Idee, indem es in seiner Wirklichkeit zugleich in die äußere Existenz tritt, tritt in einem unendlichen Reichtum von Formen, Erscheinungen und Gestaltungen hervor und umzieht seinen Kern mit der bunten Rinde, in welcher das Bewußtsein zunächst haust, welche der Begriff erst durchdringt, um den inneren Puls zu finden und ihn ebenso in den äußeren Gestaltungen noch schlagend zu fühlen. Die unendlich mannigfaltigen Verhältnisse aber, die sich in dieser Äußerlichkeit [...] bilden, dieses unendliche Material und seine Regulierung ist nicht Gegenstand der Philosophie.«[83]

Hegel verteidigt also den Satz, dass das Vernünftige zugleich wirklich sei, mit dem Verweis auf die Gegenwärtigkeit alles Wirklichen und entsprechend die Geistesgegenwärtigkeit allen vernünftigen Denkens – sofern es nicht in ein eitles Schwärmen von einer besseren Zukunft abdriftet. Die Einsicht in das Hier und Jetzt scheint das einzig Vernünftige, wenn gilt, dass Ideen nicht vage Zukunftsahnungen und -hoffnungen sind, sondern umgekehrt die ewige Substanz, auf dem die gegenwärtige Wirklichkeit fußt und auch noch jede mögliche, vernünftige Zukunft errichtet wird. Nur dem ersten Anschein nach ist die Wirklichkeit eine undurchsichtige Mannigfaltigkeit von »Formen, Erscheinungen und Gestaltungen« ohne tieferen Sinn; auf den zweiten, den philosophischen Blick jedoch erkennt sich die Vernunft in der Wirklichkeit als ihrer eigenen unendlichen reichen Verwirklichung wieder. Erst dann vermag sie zu begreifen, dass es ihr eigener Puls ist, den sie an ihren »äußeren Gestaltungen« ertastet.

Diesen gegenwärtigen, wirklichen Körper der Vernunft in Zukunft zu ersetzen, erscheint Hegel noch als eine bloße Träumerei. Doch die Betonung liegt auf »noch«. Denn dieser Traum einer besseren Zukunft, sei es mit Blick auf die gesellschaftlichen Verhältnisse oder auf einen tatsächlich anderen, künstlichen Körper des einzelnen Menschen, dieser Traum bedeutet gerade das Selbstverständnis seiner modernen Zeitgenossen. Die »äußeren Gestaltungen« (als die Wirklichkeit der Vernunft) sollen nicht mehr einfach als gegeben hingenommen, sondern als künstliche Gestaltungen gemäß vernünftigen Ideen vielmehr einer weitergehenden Prüfung und Umgestaltung unterzogen werden. Erfasst die Philosophie ihre Zeit in Gedanken, so erschafft das Design seine Zeit durch diese »Gestaltungen«.

Moderne Arbeitsgesellschaft

Wo die natürlichen Gegebenheiten mehr und mehr durch künstliche Erzeugnisse umgestaltet werden, verschiebt sich auch die Perspektive der Vernunft auf ihre eigene Wirklichkeit: Wenn gilt, dass das Vernünftige das Wirkliche ist, dann stellt sich mit Blick auf die industrialisierten Arbeitsverhältnisse, auf das Elend des Proletariats x, irgendwann unweigerlich die Frage, ob die gegenwärtige Wirklichkeit in ihrer offensichtlichen Unvernünftigkeit überhaupt als substanzielle Wirklichkeit anerkannt werden muss oder ob sie bloß eine vorübergehende Gestalt einer ideellen Zukunft darstellt, die noch nicht ganz zur Vernunft gekommen ist.

x
Proletariat
Von lateinisch »proles« (»Nachkommenschaft«) herstammend bezeichnet dieser Begriff eine Gesellschaftsschicht von Besitzlosen und Lohnabhängigen, die während der Industrialisierung beträchtlich anwuchs. Nach marxistischen Vorstellungen bildete es die revolutionäre Klasse im Kampf mit der herrschenden Bourgeoisie.

Um diese Frage zu beantworten, lohnt es sich, sich einmal kurz vor Augen zu stellen, was Hegel im Jahr 1820 noch als vernünftige Wirklichkeit der Industrialisierungsgesellschaft ansprechen konnte, bevor knapp 30 Jahre später Marx meinte, diese Wirklichkeit erst zur Vernunft bringen zu müssen. Im § 196 führt Hegel aus:

»Die Vermittlung, den *partikularisierten* Bedürfnissen angemessene, ebenso *partikularisierte* Mittel zu bereiten und zu erwerben, ist die Arbeit, welche das von der Natur unmittelbar gelieferte Material für diese vielfachen Zwecke durch die mannigfaltigsten Prozesse spezifiziert. Diese Formierung gibt nun dem Mittel den Wert und seine Zweckmäßigkeit, so daß der Mensch in seiner Konsumtion sich vornehmlich zu *menschlichen* Produktionen verhält und solche Bemühungen es sind, die er verbraucht.«[84]

Die moderne Gesellschaft ist eine Arbeitswelt im eigentlichen Sinne. Damit ist nicht nur gemeint, dass der Mensch sein alltägliches Geschäft verrichten muss, um sein Leben zu erhalten, wie seit eh und je. Was durch die Industrialisierung verstärkt hinzu kommt, lässt sich als eine entfesselte Eigendynamik der Arbeit begreifen, die einerseits »partikularisierte Mittel« bereitstellt, um »partikularisierte Bedürfnisse« zu befriedigen, und andererseits diese Bedürfnisse und damit wiederum diese Mittel zugleich noch weiter partikularisiert beziehungsweise spezifiziert.

Dabei wird das Material der Natur derart formiert, dass es sich transformiert zu »vornehmlich *menschlichen* Produktionen«, die über die natürlichen Bedürfnisse des Konsums alsbald in einem erheblichen Maß hinausgehen: Die menschliche Arbeit schafft sich ihre eigenen Bedürfnisse und Befriedigungen und damit zugleich ihren eigenen Wert.

x
Produktionsbedingungen
Bezeichnen die Voraussetzungen der Produktion im Sinne der Infrastruktur, der Ausbildung der Arbeitskräfte und anderer Faktoren, die eine bestimmte Produktionsweise allererst ermöglichen.

Entsprechend verschiebt sich unter industriellen Produktionsbedingungen x der Fokus tendenziell von den Resultaten der Arbeit, den Erzeugnissen, auf die Mittel beziehungsweise die Arbeit als Mittel. Arbeit als Produktionsmittel wird zu einem Selbstzweck, sodass sich Arbeit in der Terminologie des Aristoteles letztlich von einer Poiesis in eine Praxis zu verwandeln scheint: »Die *praktische Bildung* durch die Arbeit«, fährt Hegel im nächsten Paragraphen fort, »besteht in dem sich erzeugenden Bedürfnis und der *Gewohnheit der Beschäftigung* überhaupt, dann der *Beschränkung seines Tuns*, teils nach der Natur des Materials, teils aber vornehmlich nach der Willkür anderer, und einer durch diese Zucht sich erwerbenden Gewohnheit *objektiver* Tätigkeit und *allgemeingültiger* Geschicklichkeiten.«[85]

x
Arbeitsgesellschaft
In Absetzung etwa von der Feudalgesellschaft definiert sich die Stellung ihrer Mitglieder maßgeblich über die jeweilige Form und den Rang von Erwerbsarbeit.

Arbeit in der modernen Arbeitsgesellschaft x ist nunmehr selbst ein Bedürfnis, das aus der »Gewohnheit der Beschäftigung« erwächst. Diese Gewohnheit äußert sich nicht mehr bloß an der konkreten und direkten Befriedung der eigenen individuellen Bedürfnisse, indem man sich zum Beispiel einen Tisch schreinert, wo man ihn braucht; sondern die geleistete Arbeit erfolgt zumeist im Dienste einer höheren Allgemeinheit, wodurch der Einzelne eher indirekt, auf dem Umweg der Fabrikation oder industrialisierten Produktion, versorgt wird. Dieser Einzelne arbeitet vornehmlich nur mit an einer allgemeinen Produktion für allgemeine Bedürfnisse, die sein eigenes Tun einerseits auf bestimmte Aufgaben beschränkt und andererseits es für diese bestimmten Aufgaben im besonderen Maß geschickt macht beziehungsweise befähigt.

Wäre moderne Arbeit demnach als eine befriedigende Praxis spezialisierter Expertise im Dienst der Allgemeinheit zu verstehen? Gerade was eine befriedigende Selbstzweckhaftigkeit der Praxis und eine ernstzunehmende Expertise anbelangt, wird die industrialisierte Akkordarbeit Hegels Idealismus bald eines Besseren oder vielmehr eines Schlechteren belehren. Dabei ist Hegel jedoch zugutezuhalten, dass er selbst nicht mehr allzu weit von dieser Einsicht entfernt war, hätte er nur nicht gewisse Hoffnungen gehegt, die sich – vorübergehend oder bis heute? – als trügerisch erwiesen haben:

»Das Allgemeine und die Objektivität in der Arbeit liegt aber in der *Abstraktion*, welche die Spezifizierung der Mittel und Bedürfnisse bewirkt, damit ebenso die Produktion spezifiziert und die *Teilung der Arbeit* hervorbringt. Das Arbeiten des Einzelnen wird durch die Teilung *einfacher* und hierdurch die Geschicklichkeit in seiner abstrakten Arbeit sowie die Menge seiner Produktionen größer. Zugleich vervollständigt diese Abstraktion der Geschicklichkeit und des Mittels die *Abhängigkeit* und die *Wechselbeziehung* der Menschen für die Befriedigung der übrigen Bedürfnisse zur gänzlichen Notwendigkeit. Die Abstraktion des Produzierens macht das Arbeiten ferner immer mehr *mechanisch* und damit am Ende fähig, daß der Mensch davon wegtreten und an seine Stelle die *Maschine* eintreten lassen kann.«[86]

Karl Marx

x
Karl Marx
1818–1883
Marx sollte die Geschichte schreiben, die andere in seinem Gedenken umsetzten. Als Philosoph, Ökonom und Übervater des Kommunismus zählt Marx zu den praktisch wirkungsmächtigsten Theoretikern der Weltgeschichte.

Fasst man diesen § 198 als Resümee des hegelschen Arbeitsbegriffs, scheint mit ihm schlussendlich ein Problem benannt, an dem sich sein Nachfolger Karl Marx [x] abarbeiten sollte: Das Verhältnis von Mensch und Maschine unter Bedingungen eines industrialisierten Produktionsprozesses. So heißt es in Marx berühmten *Maschinenfragment*:

»In den Produktionsprozeß des Kapitals aufgenommen, durchläuft das Arbeitsmittel aber verschiedne Metamorphosen, deren letzte die *Maschine* ist oder vielmehr ein *automatisches System der Maschinerie*, in Bewegung gesetzt durch einen Automaten, bewegende Kraft, die sich selbst bewegt; dieser Automat, bestehend aus zahlreichen mechanischen und intellektuellen Organen, so daß die Arbeiter selbst nur als bewußte Glieder desselben bestimmt sind [...]. Die Maschine erscheint in keiner Beziehung als Arbeitsmittel des einzelnen Arbeiters. [...] Die Tätigkeit des Arbeiters, auf eine bloße Abstraktion der Tätigkeit beschränkt, ist nach allen Seiten hin bestimmt und geregelt durch die Bewegung der Maschinerie, nicht umgekehrt.«[87]

Entgegen der gehegten Hoffnungen brachte die mechanische Automatisierung weniger eine entlastende Ersetzung der menschlichen Arbeit mit sich als vielmehr eine zusätzliche Mechanisierung auch noch des arbeitenden Menschen selbst. Anstatt sich der Arbeit zu entwöhnen, sah sich eine neue Klasse, das Proletariat, im Gegenteil dazu genötigt, sich nunmehr an die Arbeitsweise der Maschinen zu gewöhnen. Die vermeintlich erleichternde und vereinfachende Arbeitsteilung gemäß einer industriellen Spezifizierung des Produktionsablaufs erwies sich im Resultat als eine innere Entzweiung des Menschen mit seiner Arbeit. Die individuell verrichtete Arbeit wird nicht mehr als unvermeidliche Mühsal erfahren, zu der die eigenen oder gemeinschaftlichen Bedürfnisse nötigen, sondern als eine entfremdende Fernsteuerung durch eine anonyme Übermacht: das Kapital, das sich in der Gestalt von Maschinen fixiert.

Der Mensch wird selbst zu einem mehr oder weniger »bewussten Glied« einer Maschinerie, die sich nunmehr umgekehrt seiner als eines Mittels bedient, um sich in Gang zu halten:

»Es erscheint hier also direkt die bestimmte Arbeitsweise übertragen von dem Arbeiter auf das Kapital in der Form der Maschine und durch diese Transposition sein eignes Arbeitsvermögen entwertet. [...] Was Tätigkeit des lebendigen Arbeiters war, wird Tätigkeit der Maschine. So tritt dem Arbeiter grob-sinnlich die Aneignung der Arbeit durch das Kapital, das Kapital als die lebendige Arbeit in sich absorbierend – ›als hätt' es Lieb' im Leibe‹ – gegenüber.«[88]

Anstatt noch von einer zumindest menschenfreundlichen Vernunft im hegelschen Sinne gemeistert zu werden, scheint sich ab einem bestimmten Moment in der industriellen Entwicklung die hervorgebrachte Maschinerie in einer Weise zu verselbstständigen, wie es Johann Wolfgang von Goethe [x] bereits in seinem *Zauberlehrling* von 1797 vorausgeahnt hatte: »Die ich rief die Geister / Werd ich nun nicht los.«[89] Auf die Frage, wie es überhaupt dazu kommen konnte, verweist auch Marx auf einen Emanzipationsprozess des Menschen gegenüber der Natur; gibt dieser hegelschen Selbstfindungsgeschichte des Geistes jedoch besagte materialistische Wende:

»Die Natur baut keine Maschinen, keine Lokomotiven, Eisenbahnen, electric telegraphs, selfacting mules etc. Sie sind Produkte der menschlichen Industrie; natürliches Material, verwandelt in Organe des menschlichen Willens über die Natur oder seiner Betätigung in der Natur. Sie sind *von der menschlichen Hand geschaffne Organe des menschlichen Hirns*; vergegenständlichte Wissenskraft. Die Entwicklung des capital fixe zeigt an, bis zu welchem Grade das allgemeine gesellschaftliche Wissen, knowledge, zur *unmittelbaren Produktivkraft* geworden ist und daher die Bedingungen des gesellschaftlichen Lebensprozesses selbst unter die Kontrolle des general intellect gekommen und ihm gemäß umgeschaffen sind. Bis zu welchem Grade die gesellschaftlichen Produktivkräfte produziert sind, nicht nur in der Form des Wissens, sondern als unmittelbare Organe der gesellschaftlichen Praxis; des realen Lebensprozesses.«[90]

x
Johann Wolfgang von Goethe 1749–1832
Goethe ist ein wesentlicher Teil der Doppelnennung »Goethe und Schiller« oder wahlweise auch »Schiller und Goethe«. Zu beachten bleibt jedoch, wie Arnold Hau zu zeigen vermochte, dass beide »ihre dichterischen Arbeiten nur mit einem Namen, meist ihrem eigenen unterzeichnet« hätten und der Anwendungsbereich dieser Doppelnennung daher begrenzt sei. In entsprechenden Fällen findet sich nicht selten die Variante »von Goethe«.

x
General intellect
Bezeichnung für das »allgemeine Wissen«, durch das die unterschiedlichen Produktivkräfte sich zu einer bestimmten Gestalt der Gesellschaft vereinheitlichen.

Der benannte general intellect x beerbt den idealistischen Geistbegriff also derart, dass sich der Wert seiner eigenen Tätigkeit nicht mehr an der selbstgenügsamen Praxis des Selbstbegreifens bemisst, sondern an der nimmermüden Poiesis einer automatischen Produktivkraft. Diese schafft sich nicht nur ihr eigenes Umfeld, indem sie den »gesellschaftlichen Lebensprozess« fortwährend umschafft, sondern beweist darin tatsächlich Züge eines selbstbezüglichen »intellects«, dass sie auch ihre eigene Produktivität noch selbst produziert, und zwar »nicht nur in der Form des Wissens, sondern als unmittelbare Organe der gesellschaftlichen Praxis; des realen Lebensprozesses«, das heißt in Form der gesellschaftlichen »Produktionsverhältnisse«.[91] Im Klartext: Die industrialisierte Produktion produziert die optimalen Bedingungen für ihre stetig steigende Reproduktion zugleich mit. Der Fluss des Kapitals schafft sich sein optimales Flussbett.

Fetischismus der Ware

Im Unterschied zu Hegel geht es Marx also weniger darum, zu begreifen, wie sich der idealistische Geist von seinen Anfängen über das Selbstbewusstsein des Menschen bis zum Begriff seiner selbst durchgearbeitet hat. Stattdessen begreift Marx umgekehrt dieses menschliche Begreifen selbst als nur ein Moment innerhalb eines umfassenden Arbeitsprozesses, der sich am deutlichsten an der materiellen Gestalt der Produktion ablesen lässt. Diese Produktion aber in ihrer klassenspezifischen Zuordnung tatsächlich zu verändern und die bürgerlichen Verhältnisse proletarisch zu revolutionieren, das ist nach Marx das eigentliche Telos dieses Arbeitsprozesses, der Jahrtausende andauert und zu dem die »Wissenskraft« der Theorie nur einen – wenn auch einen nicht unwesentlichen – Teil beisteuert. »Die Philosophen haben die Welt nur verschieden *interpretiert*, es kömmt drauf an, sie zu *verändern*.«[92]

Mitnichten darf die Theorie samt ihren Einsichten also zu spät kommen, wie Hegels Eule der Minerva; vielmehr muss sie nach Marx ihrer eigenen Zeit voraus sein und gerade voraussehen wollen, was sich anbahnt, um die eigene Gegenwart auf ihre Zukunft vorzubereiten. Alles andere läuft auf eine ideologische Bestätigung der herrschenden Zustände hinaus und bewegt sich selbst dort noch in ihren Fängen, wo es sie als falsche kritisiert, ohne sich jedoch selbst dabei als falsches Bewusstsein dieses falschen Seins zu entlarven. »Es ist nicht das Bewußtsein der Menschen, das ihr Sein, sondern umgekehrt ihr gesellschaftliches Sein, das ihr Bewußtsein bestimmt.«[93] Denn für Marx gilt die Ungleichung »vernünftig ≠ wirklich« solange fort, bis endlich ein Zustand der Gegenwart erreicht ist, in dem sich keine bessere Zukunft mehr vorstellen lässt und sich die Gleichung »vernünftig = wirklich« mit dem Ergebnis der Gleichheit, Freiheit und Brüderlichkeit aller Menschen löst.

Was diese utopische und zugleich funktionelle Auflösung jedoch zu verhindern scheint, ist eine gewisse Sentimentalität des bürgerlichen Kapitalismus: der Fetischismus der Ware [x] .

x
Fetischismus Ware
Die durch den Tauschwert hervorgerufene Illusion, in der Ware nicht nur einen Gebrauchsgegenstand zu erwerben, sondern die fehlende Ergänzung des eignen, kapitalistisch entfremdeten Selbst.

»Eine Ware scheint auf den ersten Blick ein selbstverständliches, triviales Ding. Ihre Analyse ergibt, daß sie ein sehr vertracktes Ding ist, voll metaphysischer Spitzfindigkeit und theologischer Eigensinnigkeiten. Soweit sie Gebrauchswert, ist nichts Mysteriöses an ihr, ob ich sie nun unter dem Gesichtspunkt betrachte, daß sie durch ihre Eigenschaften menschliche Bedürfnisse befriedigt oder diese Eigenschaften erst als Produkt menschlicher Arbeit erhält.«[94]

Der Gebrauchswert der Ware besteht in ihrem Konsum und vorerst könnte man meinen, dass es damit auch sein Bewenden haben müsste, selbst wo der Gegenstand nicht nur für den Eigenbedarf produziert wird. Doch als Ware kommt ihm noch ein anderer Wert zu:

»Woher entspringt also der rätselhafte Charakter des Arbeitsproduktes, sobald es Warenform annimmt? Offenbar aus dieser Form selbst. [...] Das Geheimnisvolle der Warenform besteht [...] darin, daß sie den Menschen die gesellschaftlichen Charaktere ihrer eigenen Arbeit als gegenständliche Charaktere der Arbeitsprodukte selbst, als gesellschaftliche Natureigenschaften dieser Dinge zurückspiegelt [...]. Es ist nur das bestimmte gesellschaftliche Verhältnis der Menschen selbst, welches hier für sie die phantasmagorische Form eines Verhältnisses von Dingen annimmt. Um daher eine Analogie zu finden, müssen wir in die Nebelregionen der religiösen Welt flüchten. Hier scheinen die Produkte des menschlichen Kopfes mit eigenem Leben begabte, untereinander und mit den Menschen in Verhältnis stehende selbständige Gestalten. So in der Warenwelt die Produkte in der menschlichen Hand.«[95]

Sobald Produkte menschlicher Arbeitskraft in einen Warenaustausch treten, gewinnen sie eine zweite Form, die des Tauschwerts. Sie werden zu Fetischobjekten. Der Grund liegt in einer menschlichen Projektion [x] der eigenen gesellschaftlichen Produktionsverhältnisse auf die Produkte, die darum mehr zu sein scheinen als bloße Erzeugnisse menschlicher Arbeit. Der Kreator verkennt in seiner Kreatur seine eigene Kreation, weil die Ware als solche mehr vorstellt als ein bloßes Konsumobjekt (Gebrauchswert), nämlich ein allgemeines Tauschäquivalent für andere Waren, die alle eine umfassende Warenwelt inklusive Arbeitskraft bilden:

x **Projektion**
In psychologischer Hinsicht die unbewusste Übertragung von eigenen Kompetenzen und Emotionen auf Andere oder Anderes.

»In gewisser Art geht's dem Menschen wie der Ware. Da er [...nicht] mit einem Spiegel zur Welt kommt [...], bespiegelt sich der Mensch zuerst in einem anderen Menschen. Erst durch die Beziehung auf den Menschen Paul als seinesgleichen bezieht sich der Mensch Peter auf sich selbst als Mensch. Damit gilt ihm aber auch der Paul mit Haut und Haaren, in seiner paulinischen Leiblichkeit, als Erscheinungsform des Genus Mensch.«[96]

Der Mensch erkennt sich nur durch Seinesgleichen als Seinesgleichen wieder, das heißt als ein einzelnes Exemplar der Gattung Mensch. Ebenso umgibt für den Menschen auch die einzelne Ware die Aura ihrer Gattung. Nun tritt die einzelne Ware dem Menschen dort als Fetisch gegenüber, wo er einerseits zwar von ihr gespiegelt wird, aber sich andererseits in dieser Spiegelung nicht wiedererkennt als ein selbst wesentlicher Teil dieser industrialisierten Warenwelt. Denn nach Marx ist es namentlich die menschliche Arbeitskraft [x], die sich in Waren, Geld und Kapital derart entäußert, dass sie sich ab einem gewissen Grad der Entfremdung unwissentlich selbst anbetet und sogar dazu bereitfindet, sich selbst als Opfer darzubringen.

x
Arbeitskraft
Die körperliche oder geistige Leistungsfähigkeit eines Menschen. Nach Marx für den besitzlosen Lohnarbeiter die einzige Ware, die er zu Markt tragen kann.

Im fetischistischen Glanz der Ware erstrahlt die Selbstausbeutung als quasi-göttliche Verheißung einer Versöhnung. Unbewusst unternimmt es der entfremdete Mensch also, durch den Erwerb der Ware sich selbst zu konsumieren, um wie in der christlichen Kommunion sich zugleich selbst zu erlösen. Dieser Zug verleiht der Ware ihren Fetischcharakter und dem Verlangen nach ihr zugleich seine Unermüdlichkeit – noch über jede Enttäuschung hinaus.

Warenästhetik

Ginge es also letzten Endes darum, dem Gebrauchswert der Ware wieder die gehörige Geltung zu verschaffen, indem man die Ideologie des kapitalistischen Tauschwertes aufklärte? In der marxistischen Tradition stehend hat Fritz Walter Haug mit seiner *Kritik der Warenästhetik*[97] von 1971 das Stichwort für einen Problemkomplex gegeben, der uns geradewegs auf die Frage des modernen Designs führt:

»Die Warenproduktion setzt sich zum Ziel nicht die Produktion bestimmter Gebrauchswerte als solcher, sondern das Produzieren für den Verkauf. [...] Denn bis zum Abschluss des Verkaufsaktes, womit der Tauschwertstandpunkt seinen Zweck erreicht hat, spielt der Gebrauchswert nur insofern eine Rolle, als der Käufer ihn sich von der Ware verspricht. Vom Tauschwertstandpunkt aus kommt es bis zum Schluss, nämlich dem Abschluss des Kaufvertrages, nur aufs Gebrauchswertversprechen seiner Ware an.«[98]

Ab einer gewissen Entwicklungsstufe des Kapitalismus – und gegen Ende des 19. Jahrhunderts scheint diese bereits erreicht – tritt die tatsächliche Brauchbarkeit der Waren für den Massenproduzenten und -verkäufer in den Hintergrund, weil es ihm vorrangig darum gehen muss, seine Produktion, die im Voraus auf grobe Nachfrageschätzungen basiert, überhaupt abzusetzen. Da es Waren gibt, die man nicht in der produzierten Masse oder gar nicht braucht, bedarf es umgekehrt eines zusätzlichen Kaufanreizes:

»Das Ästhetische der Ware im weitesten Sinne: sinnliche Erscheinung und Sinn des Gebrauchswerts löst sich hier von der Sache ab. Schein wird für den Vollzug des Kaufaktes so wichtig – und faktisch wichtiger – als Sein. Was nur etwas ist, aber nicht nach ›Sein‹ aussieht, wird nicht gekauft. Was etwas zu sein scheint, wird wohl gekauft. Mit dem System von Verkauf und Kauf tritt auch der ästhetische Schein, das Gebrauchswertversprechen der Ware als eigenständige Verkaufsfunktion auf den Plan. Ökonomisch liegt es nahe und wird, in Auswirkung der Konkurrenz, schließlich zwingend, der technischen Beherrschung und sich verselbständigen Produktion dieses Ästhetischen sich zuzuwenden.«[99]

Um die Massenware nicht als Ladenhüter verkommen zu lassen, scheint neben der Werbung ein weiteres probates Mittel gerade die Inszenierung der Ware im Sinne eines bestimmten Designs zu sein. Ihr tatsächlicher Nutzen ist zweitrangig, solange es vorerst nur um den Kaufabschluss geht. Design nun suggeriert einen möglichen Gebrauchswert, auch ohne dass die Ware ihr Versprechen später hält. Der Vorwurf der Warenästhetik [x] besteht also darin, dass das moderne Design weniger Gebrauchswerte schafft als Gebrauchswerte bloß zu versprechen, und zwar zum Zweck des Tauschwertes. Design steht für eine bewusste Fetischisierung der Ware; es ist reizendes Styling und dient vor allem zur fortwährenden Verjüngung der kapitalistischen Warenwelt.

x
Warenästhetik
Vorwurf einer Kommerzialisierung des Schönen (oder Hässlichen) durch das Design.

Diese Kritik trifft freilich ein Hauptproblem im Selbstverständnis des modernen Designers. Eine eindeutige Antwort hierauf gibt es bis heute nicht, stattdessen aber mannigfaltige Versuche in die eine oder die andere Richtung, die Ehre des Designers zu retten. Als Kind der industrialisierten Massenproduktion, das zwischen Kunst und Wirtschaft hin- und hergerissen ist, mag das Design eine eindeutige Antwort möglicherweise auf immer schuldig bleiben. Schließlich sieht es sich gerade immer wieder aufs Neue vor das Problem gestellt, genau diese beiden – den Gebrauchs- und Tauschwert – miteinander zu vermitteln.

Entsprechend lässt sich auch schon bei Marx Zeitgenossen, Semper und Morris, ein gespaltenes Verhältnis zu der neuen Warenwelt des Kapitalismus beobachten: Kann man den kapitalistischen Produktionsverhältnissen noch mit der Sentimentalität des Kunsthandwerks entgegentreten oder muss man der industriellen Massenproduktion vielmehr entgegenkommen, indem man sich einem funktionalistischen Design verpflichtet?

Doch selbst wenn man sich für eine der beiden Lösungsansätze entschieden hat, ist die Gefahr einer möglichen Fetischisierung der Ware mitnichten gebannt, sondern bloß von unterschiedlichen Seiten in den Blick genommen. Wie ein luxuriöses und formenreiches, so kann auch ein kostengünstiges und reduziertes Design zum Fetisch werden. Ja, dies scheint sogar unvermeidlich, sofern gilt, dass im Fetischismus der Ware die herrschenden Produktionsverhältnisse als unbewusste Projektionen zum Ausdruck kommen.

Betrachtet man die Sache auf diese Weise, könnte man mit Hegel zugleich ergänzen, dass wir am herrschenden Design und seiner Warenästhetik gerade ablesen können, wie es um unsere Zeit im Wesentlichen bestellt ist. Das ist weniger ein kleiner Trost als vielmehr die einzige Chance, Klarheit im Sinne der Aufklärung über unser allgemeines Befinden zu erhalten, wenn selbst für Marx gilt, dass sich die Modernisierung nicht rückgängig machen, sondern höchstens vorantreiben lässt.

Egal ob idealistisch oder materialistisch betrachtet, die Geschichte des Designs ist bereits im Gange. Seit Kant wissen wir, dass wir nicht nicht mehr gestalten können. Und man fiele selbst nur auf eine weitere Ideologie – die einer Designvergessenheit – herein, wollte man glauben, dass die Gestaltung sich allein um ästhetische und / oder ökonomische Belange sorge. Mit ihrer fortschreitenden Entfaltung wird sich stattdessen erweisen, dass die Sorgen des Designs geradezu existenziell sind – für das moderne Dasein.

Jede Disziplin hat ihre Existenzkrisen. Nach dem Ersten Weltkrieg verbreitet sich das Gefühl, einen Neuanfang wagen zu müssen, um die traumatische Vergangenheit hinter sich zu lassen. Wie am Bauhaus bemüht man sich auch in der Philosophie darum, neue Fundamente für eine bessere Zukunft zu schaffen. Die Krise ist zugleich eine Chance, die eigene Geschichte in kritischerem Licht zu betrachten und endlich aufzuarbeiten, was verhängnisvoll verdrängt blieb: Der Entwurf der modernen Welt verlangt einen bewussteren Umgang mit Sachen und Sachverhalten des Alltags – eine Neue Sachlichkeit.

Bauhaus

Die erste Institution der Designgeschichte, die mit einem allumfassenden Designkonzept Ernst macht, ist das Bauhaus. Von seinen Anfängen in Weimar (1919–1925), über die Hochphase in Dessau (1925–1932), bis zu seinem Ende in Berlin (1932–1933) zieht sich ein roter Faden durch seine Unternehmungen: Die moderne Gesellschaft ist selbst als etwas zu betrachten, an dem die Gestalter wie an einem Bauwerk ihr gemeinschaftsbildendes Werk verrichten. Wie das Gründungsmanifest x aus der Feder von Walter Gropius x bezeugt, versteht man sich zunächst als expressionistischer Nachkomme eines gotischen Bauhüttenwesens, öffnet sich aber bald der abstrakten Avantgarde (DeStijl, Suprematismus etc.) und sieht sich bis zuletzt vor die Aufgabe gestellt, aus den kulturellen Ruinen der Vorkriegszeit eine neue Architektur der Gesellschaft zu errichten, die einer demokratischen Moderne.

x
Gründungsmanifest
»Das Endziel aller bildnerischen Tätigkeit ist der Bau! Ihn zu schmücken war einst die vornehmste Aufgabe der bildenden Künste, sie waren unablösliche Bestandteile der großen Baukunst. [...] Architekten, Maler und Bildhauer müssen die vielgliedrige Gestalt des Baues in seiner Gesamtheit und in seinen Teilen wieder kennen und begreifen lernen, dann werden sich von selbst ihre Werke wieder mit architektonischem Geiste füllen, den sie in der Salonkunst verloren.« So der Beginn des Manifestes von 1919, dem eine Kathedralen-Zeichnung von Lyonel Feininger beigefügt war.

x
Walter Gropius 1883–1969
Gropius zählt zu den Gründervätern der modernen Architektur.

Was derart als eine Neue Sachlichkeit x der Weimarer Republik seinen Stempel aufdrückte, hat gleichermaßen die Philosophie geprägt. Auch hier sollten es die Erfahrungen des Kriegs und seiner Auswirkungen sein, die zwei junge, gleichaltrige Philosophen dazu bewogen, einen neuen Lebensentwurf zu wagen. Und auch hier wurde wie am Bauhaus samt seinen internen Grundsatzdebatten[100] nicht notgedrungen derselbe Weg eingeschlagen.

Martin Heidegger und Ludwig Wittgenstein hätten von ihrer Herkunft kaum verschiedener sein können. Ebenso scheint die jeweilige philosophische Methode die des anderen geradezu auszuschließen. Und doch treffen sich beide sowohl auf einer subjektiv-existenziellen Ebene, was die philosophische Radikalität der jeweiligen Haltung betrifft, als auch auf einer objektiv-logischen Ebene im Hinblick auf philosophischen Geltungsanspruch und gesellschaftliche Tragweite.[101] Wahrhaftigkeit und Wahrheit gelten als persönliche sowie gemeinschaftliche Leitstäbe, die eine Besinnung auf das Wesentliche fordern: den Menschen, die Sachen selbst und ihrer beider Verhältnis zueinander – unter den stets gefährdeten Bedingungen eines modernen Alltags. Diesen Kynismus, wenn man so will, einer neuen Sachlichkeit teilt die Philosophie nicht weniger als das Design.

x
Neue Sachlichkeit
Dieser stilprägende Ausdruck geht auf die Ausstellung *Die Neue Sachlichkeit. Deutsche Malerei seit dem Expressionismus* zurück, die erstmals 1925 in der Kunsthalle Mannheim gezeigt wurde und danach durch die Weimarer Republik tourte (letzte Station: Dessauer Kunstverein!). Wie der Titel schon andeutet, handelt es sich um die Bestimmung einer Neuorientierung nach dem Expressionismus.

Ludwig Wittgenstein

Bereits an Ludwig Wittgensteins × erster Veröffentlichung *Tractatus logico-philosophicus* (1921 erschienen) kommt eine Übereinstimmung in den persönlichen Absichten des Philosophen und seinem methodischen Vorgehen deutlich zum Ausdruck. Dieser eigenwillige Traktat über das Verhältnis von Logik und Welt wurde von dem noch nicht 30-Jährigen während des Ersten Weltkrieges verfasst und zielt auf eine philosophische Grenzziehung zwischen dem logisch Sagbaren und einem mystischen Schweigen. Er bildete einen Gründungstext[102] des logischen Positivismus, wie er sich unmittelbar nach dem Krieg in Wien formieren und durch einen Vortrag von Rudolf Carnap × auch am Dessauer Bauhaus Einfluss finden sollte. Schon zu Anfang, in einem lakonischen Vorwort sondergleichen, stellt Wittgenstein klar:

»Das Buch behandelt die philosophischen Probleme und zeigt – wie ich glaube –, daß die Fragestellung dieser Probleme auf dem Mißverständnis der Logik unserer Sprache beruht. Man könnte den ganzen Sinn des Buches etwa in die Worte fassen: Was sich überhaupt sagen läßt, läßt sich klar sagen; und wovon man nicht reden kann, darüber muß man schweigen. Das Buch will also dem Denken eine Grenze ziehen, oder vielmehr – nicht dem Denken, sondern dem Ausdruck der Gedanken [...]. Die Grenze wird also nur in der Sprache gezogen werden können und was jenseits der Grenze liegt, wird einfach Unsinn sein.«[103]

Nach der Vernichtung der alten Ordnung während des Ersten Weltkrieges scheint es geboten, für klare Verhältnisse zu sorgen und philosophischen »Unsinn« beiseite zu schaffen. Nicht Mystik und Metaphysik, sondern Logik und Sprachkritik sollen der Philosophie fortan den Kurs vorgeben. Auch wenn Wittgenstein in seinem berühmten Finale des *Tractatus* die Mystik des Schweigens zu guter Letzt doch gegen die Logik ausspielen wird,[104] so lässt die Methodik des ganzen Werks hingegen keinen Zweifel daran, dass es Wittgenstein vornehmlich um einen logischen Aufbau der Welt geht – basierend auf unerschütterlichen Wahrheitsbausteinen in Form von Elementarsätzen × :

×
Ludwig Wittgenstein
1889–1951
Wittgenstein war das Nesthäkchen einer österreichischen Groß-industriellen-Familie, die sich auch als Förderer der Künste im Wien der Jahrhundertwende hervorgetan hat.

×
Rudolf Carnap
1891–1970
Die spätere Galionsfigur des logischen Empirismus in den USA eröffnete seinen Bauhaus-Vortrag am 15. Oktober 1929 mit: »Ich arbeite in Wissenschaft, Sie in sichtbarer Formgestaltung; beides nur Seiten des einen Lebens.«

×
Elementarsätze
Nach Wittgenstein die logische Grundeinheit einer wahrheitsfähigen Beschreibung der Welt.

»4.21 Der einfachste Satz, der Elementarsatz, behauptet das Bestehen eines Sachverhaltes.
4.211 Ein Zeichen des Elementarsatzes ist es, daß kein Elementarsatz mit ihm in Widerspruch stehen kann. [...]
4.25 Ist der Elementarsatz wahr, so besteht der Sachverhalt; ist der Elementarsatz falsch, so besteht der Sachverhalt nicht.
4.26 Die Angabe aller wahren Elementarsätze beschreibt die Welt vollständig. Die Welt ist vollständig beschrieben durch die Angabe aller Elementarsätze plus der Angabe, welche von ihnen wahr und welche falsch sind.«[105]

Schon die Notationsweise des *Tractatus* gemahnt an eine logische Strenge, der auch die eigenen Sätze Wittgensteins verpflichtet sind. Beginnend mit dem ersten: »1 Die Welt ist alles, was der Fall ist. 1.1 Die Welt ist die Gesamtheit der Tatsachen, nicht der Dinge«,[106] wird Schritt für Schritt ein logischer Raum durchmessen, der die Tatsachen der Welt strukturieren soll. Ziel ist es, durch eine widerspruchsfreie und vollständige Angabe von Elementarsätzen alles, was wir gemeinhin Erfahrungswelt nennen, sprachanalytisch zu rastern und nach seinen Gesetzmäßigkeiten abzubilden. Wie aber 4.26 (in obigem Zitat) schon andeutet, sollen diese Elementarsätze nicht beliebig gefasst werden, sondern wahr oder falsch sein.

Jeder Elementarsatz beschreibt einen Sachverhalt, das heißt nicht eine einzelne Sache, sondern eine Anordnung von Sachen gemäß einem bestimmten Verhältnis. Ein Hammer etwa kann am Werkzeugbrett hängen, bei einem Totschlag in Gebrauch sein oder als ein Kunstobjekt eine Ausstellung zieren. In all diesen Fällen steht er mit anderen Sachen oder auch anderen Sachverhalten in Verbindung; doch allein eine dieser Möglichkeiten ist in einer gegebenen Situation auch tatsächlich der Fall – während die anderen bloß vorstellbar sind. Tatsachen sind also bestehende Sachverhalte und die Gesamtheit dieser für einander bestehenden Sachverhalte ist nach Wittgenstein die Welt. Bilden wir einen Elementarsatz, ist dieser wahr, wenn er einen bestehenden Sachverhalt beschreibt, oder falsch, wenn er keinen bestehenden Sachverhalt beschreibt.

Ob die Elementarsätze jedoch wahr oder falsch sind, ergibt sich zuletzt nicht allein aus dem logischen Raum x . So reicht es nicht schon hin, dass ein Sachverhalt widerspruchslos vorstellbar ist (wie der Hammer als Kunstobjekt), um auch ein bestehender zu sein sondern es bedarf noch einer zusätzlichen »Angabe«: Er muss eben gegeben sein. Diese auf den ersten Blick vielleicht banale Feststellung hat weitreichende Konsequenzen für die sprachanalytische Philosophie im Verhältnis zur tatsächlichen Wirklichkeit.

x
Logischer Raum
Wittgenstein bestimmt den logischen Raum als das Strukturganze sämtlicher Sachverhalte, in das die Welt als Gesamtheit der Tatsachen gleichsam eingelassen ist.

Die logische Sprache kann nämlich nur beschreiben beziehungsweise abbilden, aber niemals vorschreiben beziehungsweise vorgeben, was der Fall ist: »2.062 Aus dem Bestehen oder Nichtbestehen eines Sachverhaltes kann nicht auf das Bestehen oder Nichtbestehen eines anderen geschlossen werden.«[107] Und in stillschweigender Anlehnung an Hume heißt es an späterer Stelle: »5.136 Einen Kausalnexus, der einen solchen Schluß rechtfertigte, gibt es nicht. 5.1361 Die Ereignisse der Zukunft *können* wir nicht aus den gegenwärtigen erschließen.«[108] Was tun wir dann aber, wenn wir es im Alltag dennoch tun? »2.1 Wir machen uns Bilder der Tatsachen. 2.11 Das Bild stellt die Sachlage im logischen Raum, das Bestehen und Nichtbestehen von Sachverhalten vor. 2.12 Das Bild ist ein Modell der Wirklichkeit.«[109]

Modellierungsverfahren

Wir halten an dieser Stelle kurz inne. Vergegenwärtigt man sich, was mit dem letzten Satz gesagt ist, lässt sich aus dem daran anschließenden Vorgehen Wittgensteins eine grundsätzliche Einsicht in die moderne Methode einer Modellierung von Wirklichkeit gewinnen. Was bereits vom Ansatz her für das Gestaltungsverständnis am Bauhaus galt, hat sich in den Zeiten des CAD verselbstständigt, nämlich ein auf analytisch-geometrischen Grundformen aufbauendes Modellierungsverfahren. Der heutige Cyberspace scheint in mancher Hinsicht die Wirklichkeit an Bedeutung schon zu überragen. Wittgenstein und seine Zeitgenossen am Bauhaus hingegen modellierten gewissermaßen noch an der analogen Wirklichkeit herum, in der Absicht, diese zunächst in ihre elementaren Bestandteile zu zerlegen, um sie sodann erneu(er)t aufzubauen:

»2.13 Den Gegenständen entsprechen im Bilde die Elemente des Bildes. [...] 2.14 Das Bild besteht darin, daß sich seine Elemente in bestimmter Art und Weise zu einander verhalten. [...] 2.15 Daß sich die Elemente des Bildes in bestimmter Art und Weise zu einander verhalten, stellt vor, daß sich die Sachen so zu einander verhalten. Dieser Zusammenhang der Elemente des Bildes heiße seine Struktur und ihre Möglichkeit seine Form der Abbildung. 2.151 Die Form der Abbildung ist die Möglichkeit, daß sich die Dinge so zu einander verhalten, wie die Elemente des Bildes. 2.1511 Das Bild ist so mit der Wirklichkeit verknüpft; es reicht bis zu ihr hin. 2.1512 Es ist wie ein Maßstab an die Wirklichkeit angelegt.«[110]

Wir machen uns also ein angemessenes Bild von der Wirklichkeit, indem wir diese mithilfe eines Maßstabes vermessen und gleichsam maßstabgetreu abbilden. Fragt man, wie dies genauer geschehen soll, dann lautet Wittgensteins Antwort: indem ein bestimmtes Medium [x], eine »Form« (Bild, Ton, Sprache etc.) der Abbildung, gewählt und durch den logischen Raum gleichsam gerastert wird:

x
Medium
Die Frage der Abbildung ist stets auch eine nach ihrem Medium.

»2.171 Das Bild kann jede Wirklichkeit abbilden, dessen Form es hat. Das räumliche Bild alles Räumliche, das farbige alles farbige etc. 2.172 Seine Form der Abbildung aber kann das Bild nicht abbilden; es weist sie auf. [...] 2.18 Was jedes Bild, welcher Form immer, mit der Wirklichkeit gemein haben muß, um sie überhaupt – richtig oder falsch – abbilden zu können, ist die logische Form, das ist, die Form der Wirklichkeit. 2.181 Ist die Form der Abbildung die logische Form, so heißt das Bild das logische Bild. [...] 3 Das logische Bild der Tatsachen ist der Gedanke. 3.001 ›Ein Sachverhalt ist denkbar‹, heißt: Wir können uns ein Bild von ihm machen.«[111]

Ein Abbild im weitesten Sinne (räumlich, farbig, tönend etc.) trifft also sein Abgebildetes überhaupt erst durch die »logische Form«, die »Form der Wirklichkeit« oder den »Gedanken«. Einerseits schließt sich damit der Kreis zum logischen Raum und andererseits tritt damit zugleich ein fundamentaler Zirkelschluss zu Tage: Dass ein Abbild überhaupt sein Abgebildetes trifft, bleibt immer noch von der »Angabe«, das heißt dem Gegebensein des Sachverhaltes abhängig: »2.223 Um zu erkennen, ob das Bild wahr oder falsch ist, müssen wir es mit der Wirklichkeit vergleichen. 2.224 Aus dem Bild allein ist nicht zu erkennen, ob es wahr oder falsch ist. 2.225 Ein a priori wahres Bild gibt es nicht.«[112]

Wie wir das Bild aber überhaupt mit der Wirklichkeit vergleichen können, erklärt Wittgenstein abermals nur durch ein Sprachbild: »6.124 Die logischen Sätze beschreiben das Gerüst der Welt, oder vielmehr, sie stellen es dar. Sie ›handeln‹ von nichts. Sie setzen voraus, daß Namen Bedeutung und Elementarsätze Sinn haben: Und dies ist ihre Verbindung mit der Welt.«[113] Die Verbindung der Welt mit ihrer logischen Beschreibung ist die schiere Gegebenheit von Sinn und Bedeutung überhaupt; Sinn und Bedeutung, die sich unter anderem sprachlich abbilden. Die Logik dieser Abbildung durch die logische Sprache bleibt dieser Sprache selbst jedoch unzugänglich, weil sie gerade eine bildliche ist.

Auch sprachlogisch lässt sich also nur nach-bilden, was bereits vorgegeben ist. Anstatt sich über das Abbildungsverhältnis als solches Gedanken zu machen, scheint der Philosophie letztlich nur der »Zweck« beschieden, eine »logische Klärung von Gedanken«[114] zu leisten und lediglich zu beschreiben, was eben der Fall ist. »Die richtige Methode der Philosophie wäre eigentlich die: Nichts zu sagen, als was sich sagen läßt, also Sätze der Naturwissenschaft – also etwas, was mit Philosophie nichts zu tun hat –, und dann immer, wenn ein anderer etwas Metaphysisches sagen wollte, ihm nachzuweisen, daß er gewissen Zeichen in seinen Sätzen keine Bedeutung gegeben hat.«[115] Die Philosophie hätte sich also von sich selbst zu befreien?

Wittgenstein selbst zumindest hat sich beim Wort genommen und auch den ganzen *Tractatus* »unsinnig« genannt, insofern seine Sätze zuletzt dazu dienen sollten, »durch sie – auf ihnen – über sie« hinauszusteigen, um die Leiter danach wegzuwerfen und die Welt richtig zu sehen.[116] Aber weniger Skeptiker als Kyniker verabschiedete sich Wittgenstein Zeit seines Lebens niemals gänzlich aus der Philosophie. Nach einiger Zeit als eremitischer Dorfschullehrer fand er sich bald in Cambridge ein, um seinen *Tractatus* als Dissertation einzureichen und dort seinen Gedanken in Ruhe nachhängen zu können. Gerade seine ostentative Selbstbescheidung, die sich mit den gegebenen Verhältnissen jedoch nie zufrieden geben wollte, hielt seine Philosophie am Leben.

So sollte auch der späte Wittgenstein der *Philosophischen Untersuchungen* nochmals bei den Sprachbildern ansetzen und ausgehend davon eine neue Theorie der Sprachbedeutung entwickeln, die weniger auf logischen Überlegungen fußte als auf unserem alltäglichen Sprachgebrauch innerhalb mannigfaltiger Sprachspiele (siehe Kap. Postmoderne, Jean-François Lyotard). Zunächst zumindest scheint der logische Positivismus ˣ den Sieg über die Philosophie jedoch davonzutragen: Beschreiben, was in der Regel der Fall ist, beschweigen, was sich in Ausnahmefällen nicht beschreiben lässt. »Selig sind, die da geistlich arm sind; denn das Himmelreich ist ihr.« (Mat. 5.3)

x
Logischer Positivismus
Diese Bezeichnung, geprägt von Herbert Feigl (1902-1988) in der Folge des frühen Wittgenstein, meint das paradoxe Unterfangen, logische Strukturen, wie ehemals die Naturwissenschaften im 19. Jahrhundert. empirische Tatsachen, positivistisch aufzufassen: Logische Tatsachen sollen schlicht beschrieben und analysiert werden, statt durch metaphysische Vorannahmen verzerrt. Andere Bezeichnungen für dasselbe Vorhaben lauteten logischer Empirismus oder Neopositivismus. Was sich durch einen methodischen Fortschritt der Erkenntnis beweisen und mit den Naturwissenschaften messen wollte, hat bis heute leider kaum erkennen lassen, wohin es eigentlich fortgeschritten wäre.

Doch erbarmen wir uns an dieser Stelle einmal dieser philosophischen Armut und haken noch etwas nach. Denn werden wir hierbei nicht auf dasselbe Problem wie bei Wittgensteins kynischen Vorfahren stoßen: Ist diese Zerlegung der Welt in Elementarsätzen nicht eine bloße Bestätigung des Status quo? Und die schiere Möglichkeit einmal beiseitegelassen, wozu wäre es überhaupt nötig, die Zukunft auch logisch zu erschließen, wenn man sie vor allem praktisch gestalten will? Lebt der moderne Mensch nicht von vorneherein schon dermaßen in seiner Zukunft, dass er sich selbst gar nicht anders als von ihr her zu verstehen vermag? Vielleicht müsste man die Philosophie weniger verwerfen als von ihrer eigenen Logik her neu entwerfen …

Martin Heidegger

x
Martin Heidegger
1889–1976
Selbst einer bäuerlichen Familie in der Provinz entstammend hielt er sich zugute, ebendiesem Milieu nie eigentlich entwachsen zu sein.

x
Edmund Husserl
1859–1938
Husserl versuchte durch die Phänomenologie den objektivwissenschaftlichen Anspruch der Philosophie neu zu begründen: Vor jeder metaphysischen oder auch psychologischen Weltdeutung soll es zunächst einmal darum gehen, die weltlichen Gegenstände in ihrer unmittelbaren Erscheinungsweise für das Bewusstsein analytisch zu beschreiben.

Martin Heideggers x Hauptwerk *Sein und Zeit* (1927)[117] könnte leicht den Eindruck erwecken, dass die Philosophie gerade nicht den Anschluss an die Zukunft suchte. Stattdessen wird hier eine uralte und zutiefst metaphysische Frage erneut aufgeworfen: Was ist Sein? Wie der Titel jedoch schon andeutet, hat Heidegger dabei durchaus mehr im Sinn. Selbst in der philosophischen Tradition der Phänomenologie seines Lehrers Edmund Husserl x groß geworden, zielt Heidegger nicht auf eine dialektische oder logische Analyse des Seinsbegriffs, sondern auf eine radikale Neubeschreibung, wie dasjenige, was wir im Ganzen das Sein nennen, dem menschlichen »Dasein« gerade aufgrund seiner zeitlichen Existenz erscheint.

Die alte Frage: »Warum gibt es überhaupt Sein und nicht vielmehr Nichts?«, wird bei Heidegger zu einer existenziellen. Mit ihr ist stets schon die bange Frage nach einer unausweichlichen Zukunft des eigenen Todes gestellt. Und dieser gedankliche Vorlauf in den eigenen Tod bewirkt umgekehrt, dass auch die Gegenwart das Problem einer andauernden Sorge des Daseins darstellt. Was ist Sein?, heißt zugleich: Was wird sein? Doch zunächst: Was heißt »Dasein« überhaupt?

Heidegger nimmt das »Dasein« wörtlich: das Dasein ist das »Da« des »Seins«. Allein für den Menschen ist das Sein als eine offene Frage überhaupt »da«. Denn nur er kann von einer Welt im Ganzen samt ihrer Geschichte sprechen und sich damit auch in eine quasi zeiträumliche Distanz zu seiner eigenen Gegenwart begeben. Dabei stehen wir der Gegenwart nicht einfach gegenüber, sondern befinden uns von unserer zeitlichen Verfassung her bereits in einem übergreifenden Horizont von Vergangenheit und Zukunft. Erst vor diesem Horizont, so Heidegger, kann uns irgendetwas (»Seiendes«) überhaupt erscheinen und erst mit Blick auf diesen Horizont stellt sich uns überhaupt die Frage nach dem Sein unseres Da-seins, nach unserer Herkunft und Zukunft.

Nach Heidegger meint Dasein im Unterschied zu allem anderen Seienden (Steinen, Pflanzen, Tieren, aber auch Werkzeugen oder Zeichen) dasjenige Sein, dem es »in seinem Sein um dieses Sein selbst geht«.[18] Wir können uns diese abstrakte Frage nach dem Sein nicht stellen, ohne zugleich nach uns selbst zu fragen und zwar nach unserem Verhältnis zu diesem Sein. Und so erweist sich dieses Fragen umgekehrt bereits als eine gewichtige Antwort: Wir existieren als Menschen allein in dem Sinne, dass wir uns theoretisch, aber auch praktisch stets von diesem Verhältnis her verstehen, verstanden haben und verstehen werden.

Ob wir stehen oder gehen, wir bewegen uns in umfassenden Sinnzusammenhängen, die schon unseren alltäglichen Umgang mit der Welt von Grund auf bestimmen. Alles, was ist, hat zugleich Bedeutung für uns; selbst die etwaige Bedeutungslosigkeit von etwas erweist sich noch als eine Frage nach dem Sein unseres Daseins oder auch nach dem Sinn unseres Lebens. Seit unserer Geburt sind wir unweigerlich in diese Sinnzusammenhänge hineingeworfen und bis zu unserem Tod werden wir sie in unserem Sinne neu zu entwerfen suchen. Was auch immer der Sinn von Sein bedeuten mag, er ist total.

Somit meint die Frage nach dem Sein weniger eine Suche nach Antworten klassischer Ontologien, sondern entpuppt sich vielmehr als Versuch, unsere Existenz aus sich selbst heraus zu begreifen. Die Frage des Daseins (als »Da« des »Seins«) geht von dem schieren »Dass« unserer Existenz aus, um sodann erst zu bestimmen, wie wir überhaupt dazu kommen, uns zugleich ein Wesen, eine Essenz, ein Was (eines Etwas) zuzuschreiben. Heidegger spricht dabei von der Möglichkeit einer radikalen Selbstauslegung des Menschen, von seinem schieren »Seinkönnen«: Obwohl wir zunächst bloß existieren, ist unser Sein schon immer von uns auf eine bestimmte Möglichkeit hin ausgelegt, unser Dasein »zu sein«. Die allgegenwärtigen Sinnzusammenhänge sind primär Möglichkeiten, unser Leben zu führen – Heidegger versucht demnach, unseren Möglichkeitssinn [x] zu schärfen.

x
Möglichkeitssinn
Robert Musil (1880–1942) hatte mit dem Protagonisten Ulrich seines Jahrhundertromans *Der Mann ohne Eigenschaften* (erster Teil erschienen 1930) den Typus des modernen Mensch nachgezeichnet, dem der Realitätssinn zuletzt abhandenkommen muss, weil bei ihm von vorne herein ein gewisser Möglichkeitssinn überwiegt. Heute, in Zeiten einer Virtual Reality, scheint dieser selbst unverzichtbar geworden.

Hatte Kant noch nach den Möglichkeitsbedingungen von Objekten gefragt und diese in der vernünftigen Verfassung des Subjekts selbst zu finden gemeint, so wird mit Heidegger diese Subjektivität ihrerseits nochmals auf ihre Möglichkeitsbedingungen hinterfragt, und zwar mit Blick auf die Möglichkeit einer Bedingung überhaupt: Der Mensch bedingt nicht nur die Möglichkeit der Objekte, sondern sein schieres Dasein ist gleichgesetzt mit der schieren Ermöglichung des Bedingens – sowohl von Dingen als auch von ihm selbst. Der Mensch ist das »Dasein von Möglichkeiten« – seiner selbst oder der Dinge. Er erst entwirft die Welt sowie sich selbst nach seinem jeweiligen Verständnis und seinen jeweiligen Vorstellungen. »Da« zu »sein« heißt, entwerfend »sein« zu »können«. »Dasein ist Design«.[119]

Gebrauchsgegenstände

Die Konsequenzen dieses ontologischen Entwurfsvermögens sind also nicht nur für die Philosophie von weitreichender Bedeutung. In zeitgemäßer Übereinstimmung mit den elementaren Gestaltungsfragen des Bauhauses öffnet sich Heideggers Fundamentalontologie x im besonderen Maß auch Fragen des Umgangs mit lebensweltlichen Gebrauchsgegenständen. Dabei operiert Heidegger mit einer grundlegenden Unterscheidung unserer Wahrnehmung dieser Gebrauchsgegenstände:

x
Fundamentalontologie
Mit diesem Begriff bezeichnete Heidegger sein Vorhaben, die klassische Frage der Ontologie nach dem Sein auf der Basis einer Analytik des Daseins radikaler zu reformulieren. Er ließ den Begriff und in wesentlichen Teilen auch sein Fragment gebliebenes Projekt alsbald fallen.

»[J]e weniger das Hammerding nur begafft wird, je zugreifender es gebraucht wird, um so ursprünglicher wird das Verhältnis zu ihm, um so unverhüllter begegnet es als das, was es ist, als Zeug. Das Hämmern selbst entdeckt die spezifische ›Handlichkeit‹ des Hammers. Die Seinsart von Zeug, in dem es sich von sich selbst her offenbart, nennen wir die Zuhandenheit. [...] Der nur ›theoretische‹ hinsehende Blick auf Dinge entbehrt des Verstehens von Zuhandenheit. Der gebrauchend-hantierende Umgang ist aber nicht blind, er hat seine eigene Sichtart, die das Hantieren führt und ihm seine spezifische Dinghaftigkeit verleiht.«[120]

Unser Umgang mit den Dingen ist im Wesentlichen ein praktischer und so orientiert sich auch der Selbst- und Weltentwurf des Daseins zunächst und zumeist weniger an »theoretischen« Konzepten als am gängigen Brauch im Gebrauch der Gegenstände. Wir finden uns gewissermaßen von selbst zurecht, wo die Gegenstände wie im vertrauten Ambiente einer Werkstatt noch in einem übersichtlichen Zusammenhang von dienstbaren Mitteln zu humanen Zwecken stehen. Heidegger spricht darum von Zeug, das – zu einer »Zeugganzheit«[121] versammelt – sich dem zweckdienlichen Gebrauch des Daseins fügt. Die Dinge sind ihm zuhanden.

Sobald jedoch der sorglose »Zeuggebrauch« gestört wird, tritt ein neuer Wahrnehmungscharakter der Dinge zutage. Heidegger zählt drei Störungsweisen auf: »Auffälligkeit« (= Defekt des Zeugs), »Aufdringlichkeit« (= Fehlen von Zeug) und die »Aufsässigkeit« (= Im-Weg-liegen von Zeug).[122] In allen drei Fällen erscheint das Zeug mit einem Mal als ein bloß noch vorhandenes Etwas dem Gebrauch entfremdet. Der Mensch sieht sich auf sich selbst zurückgeworfen und von der Sorge heimgesucht, den ursprünglichen Funktionszusammenhang wiederherzustellen oder einen neuen gestalten zu müssen.

Verschärft wird die Situation dort noch (und damit zu einem genuin modernen Problem), wo der Mensch sich in einem Umfeld wiederfindet, das ihn fortwährend damit konfrontiert, dass die Dinge aufgrund ihrer Komplexität und Wartungsbedürftigkeit ein Eigenleben entwickelt haben. Neben den von Heidegger aufgezählten Störungsweisen des Gebrauchs, lässt sich die moderne Maschine gewissermaßen als eine Dauerstörung in der anthropozentrischen Wahrnehmung begreifen: Als ein bloßes Mittel zur bloßen Mittelproduktion bedarf sie einer andauernden, quasi selbstzweckhaften Sorge. Sie muss umsorgt werden, weil sie per se aufwendig ist.

Worauf Marx schon hingewiesen hatte, wirkt sich diese Mechanisierung der Lebenswelt auf das menschliche Dasein selbst aus: Anstatt dass nur der herkömmliche Gebrauch des Zeugs bisweilen gestört würde, erfährt sich auch der Gebraucher ab einem gewissen Grad mechanischer Beschäftigung von sich selbst entfremdet. In Heideggers berühmt-berüchtigter Unterscheidung zwischen Eigentlichkeit ˣ und Man-Selbst ˣ [123] lässt sich sowohl ein fernes Echo auf Marx Entfremdungsthese als auch ein direkter Widerhall auf das bunte Treiben der Roaring Twenties vernehmen. Das Dasein des modernen Menschen ist in eine Maschinerie von anonymen Weltverhältnissen hineingeraten, in der es sich selbst nicht mehr wiederzuerkennen vermag. Das Individuum wird zum Jedermann der Masse und die Eigentlichkeit des Daseins scheint verloren, sobald der Einzelne im Man der Vielen untergeht. Die funktionalistische Moderne der seriellen Maschine scheint über die sentimentale Moderne des einzigartigen Genies triumphiert zu haben.

x
Eigentlichkeit
Die Auffassung, man selbst sei eigentlich keiner von den anderen.

x
Man-Selbst
Die Auffassung, man selbst sei niemand, zumindest niemand, der sich eigentlich von anderen unterscheidet.

Und in der Tat: Unter modernen Bedingungen wird es besonders schwierig, sich um die eigentlichen Sorgen zu kümmern. Stattdessen vermehren sich unsere gewöhnlichen Sorgen mit jeder neuen Generation von Geräten, die in den Alltag drängen und nach Aufmerksamkeit verlangen. Mit Haug muss man überdies konstatieren, dass Dinge für sich Werbung machen (nicht selten mit Hilfe von Designern). Die überschaubare Zeugganzheit scheint sich bereits zu einer modernen Zeichenökonomie ausgewachsen zu haben, bei der der (Aus-)Tauschwert den Gebrauchswert zuletzt dominiert.

Kommunikation als solche wird demnach zu einem entscheidenden Problem; genauer: zu einem zunehmend informationstheoretischen Problem, dem der späte Heidegger nur noch durch eine Besinnung auf die eigentliche Seinsmacht und den poetischen Ereignischarakter dichtender und denkender Sprache zu entkommen hoffte.[124] Doch diese kynische Strategie Heideggers scheint wie die seines unfreiwilligen Kampfgefährten Wittgenstein letztendlich zum Scheitern verurteilt: Wie sich nach dem Zweiten Weltkrieg herausstellen sollte, verbirgt sich hinter der Frage nach der Technik weniger das Sein des Daseins als dessen Design.

Jede Disziplin hat ihre Ernüchterungsphasen. Scheinbar nichts wurde aus den vergangenen Fehlern gelernt. Nach einem weiteren, noch grausameren Weltkrieg sah man sich auch in der Philosophie um jede versöhnliche Hoffnung gebracht. Stattdessen beherrschten wissenschaftliche Nüchternheit und spekulative Verzweiflung die trostlose Szenerie der 1950er- und 1960er-Jahre. Wem noch trauen, wenn sich selbst schon nicht mehr? Sollte man nochmals dem Licht der Aufklärung folgen oder musste man es nicht gar gegen sich selbst wenden? War die menschliche Rationalität nicht ihrem eigenen Erfolg zum Opfer gefallen?

Kybernetik

Die Vernichtungsmaschinerie der Nazis und der spätere Atombombeneinsatz der Amerikaner in Hiroshima und Nagasaki hatten es zu einer traurigen Wahrheit werden lassen: Als eigentlicher Sieger des Zweiten Weltkriegs hatte sich vor allem eine totale Technisierung des Lebens und des Todes erwiesen. Ob als Retter in der Not herbeigesehnt oder als Unheilsbringer verschrieen, die neuesten Technologien warfen unweigerlich die Frage auf, wie mit ihnen noch eine menschenwürdige Zukunft zu gestalten sei. Aus dieser Fragestellung geboren, wurde eine neue wissenschaftliche Disziplin von Norbert Wiener aus der Taufe gehoben: die Kybernetik x . Sie war mehr oder weniger die erste interdisziplinäre Allianz, die ausgehend von den sogenannten Macy-Konferenzen x (1946–1953) einen evolutionären Sprung in der Entwicklung neuerer Maschinen und deren Anwendungsgebiete diskutierte.

Die Auswirkungen dieser Bestrebungen waren von beträchtlichem Einfluss nicht nur in den technischen oder den Naturwissenschaften, sondern gleichermaßen in den Bereichen der Philosophie und des Designs. So sollten gerade die beiden Letzteren an der 1953 gegründeten Hochschule für Gestaltung in Ulm x zusammenfinden, um eine theoretische sowie praktische Umschulung der deutschen Nachkriegsgesellschaft ins Werk zu setzen: Gestecktes – und von der amerikanischen Militärbesatzung bezuschusstes – Ziel war es, Demokratie nach dem quasiwissenschaftlichen Modell einer kybernetischen Sozialtechnologie zu reflektieren und zu gestalten.

x
Kybernetik
Norbert Wiener (1894–1964) war ein amerikanischer Mathematiker, der seine Überlegungen zur automatischen Zielsteuerung von Flugabwehrgeschützen 1948 unter dem Titel *Kybernetik. Regelung und Nachrichtenübertragung im Lebewesen und in der Maschine* der Öffentlichkeit vorstellte und damit den Ausdruck Kybernetik in die Debatte einführte. Dieser Ausdruck bezeichnet die Wissenschaft von selbststeuernden Systemen und leitet sich vom altgriechisch »kybernetes« ab, dem »Steuermann«.

x
Macy Conferences
Zehn interdisziplinäre Konferenzen, die zwischen 1946 und 1953 stattfanden und deren Ziel es war, die wissenschaftlichen Grundlagen einer Kybernetik von Mensch und Maschine zu erarbeiten.

x
Hochschule für Gestaltung in Ulm
Gegründet wurde die Institution auf das Betreiben eines der überlebenden Geschwister Scholl hin, Inge Aicher-Scholl, die mit ihrem Mann Otl Aicher zunächst an der Ulmer Volkshochschule unterrichtete hatte, bevor durch gute Kontakte zu Walter Gropius (über Max Bill) und zur amerikanischen Besatzungsmacht der Bau der Hochschule auf dem Kuhberg finanziert werden konnte. 1968 musste sie wegen finanziellen Engpässen und internen Rivalitäten schließen.

Max Bense

Die jüngsten Schrecken schienen vor allem Abgründe eines ästhetischen Irrationalismus gezeigt zu haben, von dem auch die Vorgänger am Bauhaus nicht ganz frei geblieben waren. Entsprechend berief man zunächst zwar den einstigen Klee- und Bauhaus-Schüler Max Bill ˣ zum Gründungsrektor und Architekten der Hochschule auf dem Kuhberg, brachte ihn alsbald jedoch zur Aufgabe seines Postens, um sich vollends einem quasi-kybernetischen Funktionalismus zu widmen, der herausragende Maschinentauglichkeit und wissenschaftliche Beweiskraft für sich beanspruchte.

x
Max Bill
1908–1994
Neben seiner vielseitigen Tätigkeit als Künstler und Gestalter war er von 1967 bis 1971 zugleich Nationalrat der Schweizerischen Eidgenossenschaft.

Eine »Methodolaterie«,[125] wie es einer ihrer späteren Rektoren einmal selbstironisch nannte, griff von dieser hochschulischen Neugründung aus um sich und steckte alle möglichen Zeitgenossen an. So auch Max Bense ˣ, der als Dozent über mehrere Jahre dort tätig war und als philosophischer Protagonist[126] dieser neuen Auffassung gelten kann:

x
Max Bense
1910–1990
Das Denken des Philosophen, Schriftstellers und Publizisten richtete sich auf eine Engführung von Naturwissenschaften, Kunst und Philosophie unter dem Programmwort eines existenziellen Rationalismus.

»Wir verstehen hier unter Philosophie eine Folge von Wissenschaften, die weder zu den Naturwissenschaften noch zu den Geisteswissenschaften gehören, aber für den Aufbau beider unerläßlich sind. Sie untersuchen Grundlagen, Gegenstandsbereich und Zusammenhang positiver Wissenschaften [...]. An und für sich haben sie keinen selbständigen Gegenstand; sie bekommen ihn vielmehr von den positiven Wissenschaften [...] geliefert, bilden ihn um, transponieren ihn auf ihre Ebene, beschäftigen sich mit Merkmalen, über deren Zutreffen oder Nichtzutreffen Verfahrensweisen nichtphilosophischer Wissenschaften keine Entscheidung haben. [...] Philosophische Wissenschaften sind also Meta-Wissenschaften.«[127]

Als scharfer Kritiker freischwebender Spekulationen in jeder Form (Ideologie, Religion, Mythos, Mystik etc.) bestimmt Bense Philosophie als Aufklärung im Dienste wissenschaftlicher Ratio. Sie ist eine Folge von »Meta-Wissenschaften« im Sinne einer grundlagen- und methodenkritischen Reflexionsform, die ohne positiven Input der anderen Wissenschaften leerliefe. Für diese wiederum soll gelten, dass sie ohne philosophische Kritik blind bleiben müssten für ihre eigenen Voraussetzungen und Vorgehensweisen.

»Nun ist aber neuerdings immer klarer geworden, daß [...] auch von der Technik her die Folge philosophischer Wissenschaften aufgerollt werden kann. Auch ihr Gegenstand kann auf die Ebene philosophischer Betrachtung gehoben werden. Und es scheint, daß dies für eine geistige Bewältigung der Technik unerläßlich ist. Die philosophische Konstruktion einer Metatechnik ist also sinnvoll.«[128]

Diese Metatechnik bestimmt Bense bereits dem Titel des hier zitierten programmatischen Aufsatzes nach als Kybernetik. Was heißt hier Technik also genauer? »Technik war bisher im Wesentlichen ein Phänomen der Oberfläche der bewohnten und bewohnbaren Sphäre: was jetzt vor unseren Augen entsteht, ist *Tiefentechnik*; wir erleben ihr Eindringen in die Feinstrukturen der Welt, in die immateriellen Bestandteile, wo dementsprechend ihre pathologischen Züge verborgener und gefährlicher sind.«[129] Laut Bense handelt es sich dabei um eine entscheidende Erweiterung der neuzeitlichen Technik: »Sie bezieht alles ein, sie hat einen verstärkten konsumierenden Charakter angenommen. Literatur, Kunst, Musik nehmen ihre Züge an, genau wie seit Galilei Wissenschaft, Medizin, Architektur und mindestens seit der Aufklärung die gesellschaftlichen und politischen Vorgänge sich ihren Strukturen anpaßten.«[130] Die Kybernetik erweitert die Technik gleichermaßen in die Tiefe wie in die Breite und damit der Tendenz nach zu einer totalen Verfassung.

Der entscheidende Grund für diese Ansicht ist, dass die kybernetischen Maschinen nicht mehr allein als Organerweiterungen oder -prothesen fungieren, sondern ihre eigenen Organe selbst zu steuern lernen, indem sie »Funktionen aufweisen, die gewissen charakteristischen Fähigkeiten des menschlichen Bewußtseins, etwa dem Gedächtnis, entsprechen.«[131] Dass seit Alan Turings [x] erstem Modellcomputer Maschinen auch weitaus komplexere Rechenvorgänge durchführen konnten, mochte Bense Anfang der 1950er-Jahre noch in Staunen versetzen, während wir heute bloß mit den Schultern zucken. Doch bemerkenswert an Benses Diagnose bleibt eine philosophische Einsicht:

x
Alan Turing
1912–1954
Turing war ein britischer Logiker, Mathematiker, Informatiker und im Wesentlichen für die Entschlüsselung des Enigma-Codes der Nazis verantwortlich. Die sogenannte Turing-Maschine, ein Rechnermodell der Informatik, das Turing 1936 einführte, gilt als theoretischer Durchbruch in der Informatik.

»Die rätselhafte Doppelnatur der technischen Welt wie auch der technischen Intelligenz: ebenso sehr reine Theorie wie reine Praxis, reiner Gedanke wie reine Materie, abstrakt wie konkret zu sein, rückt hier zum ersten Mal in ein methodisches Bewußtsein. Technik liegt im Feld *idealer*, aber auch im Feld *realer Seinsverhältnisse* und sie gehört ebenso der subjektiven wie der objektiven Sphäre des Seins an. Ontologisch gesprochen bedeutet das, daß die *Technik weiter reicht als die Natur* [...].«[132]

Die möglichen Schlüsse, die sich daraus ziehen lassen, führen auf ein Selbstverständnis des Menschen, das ihn als die technische Existenz [x] unter anderen Lebewesen ausweist: »Durch die Technik schafft sich der Mensch eine *Umwelt*, die seiner Doppelrolle als naturhaftes und geistiges Wesen angemessen ist. Die technische Welt ist eine Umwelt, eine seinsmäßige Sphäre, aus der das, was wir technische Existenz und technische Intelligenz nennen, wenigstens im Idealfalle lückenlos expliziert werden kann.«[133] Der Mensch existiert technisch, heißt also zum einen, dass er sich seine Lebenswelt als eine technische Umwelt einrichten muss, um physisch überleben zu können; zum anderen aber darüber noch hinaus, dass auch sein geistiges Wesen sich ohne technischen Support gar nicht denken ließe. Das menschliche Denken ist von sich aus bereits techno-logisch angelegt, weil mit seiner technischen Umwelt gleichsam verschaltet.

x
Technische Existenz
Hinter Benses Begriff verbirgt sich eine kybernetische Radikalisierung des modernen Homo faber wie sie von Max Scheler (1874-1928) in seiner Schrift *Die Stellung des Menschen im Kosmos* 1928 ausformuliert wurde.

Dies besagt, dass sich der Mensch von seiner technischen Existenz nur dort ein angemessenes Bild machen kann, wo er sich in seinem technischen Ebenbild wiedererkennt:

»Die Ausgangsfrage ist stets die gleiche: Welcher technische Vorgang entspricht dem bestimmten geistigen Vorgang? – Die Zurückführung auf die identischen formalen Operationen erleichtert die Auffindung des technischen Analogons für einen intelligiblen Akt. Hat man den formalen Vorgang gefunden, so gewinnt man Zugang sowohl zu seiner mechanischen als auch seiner geistigen Reproduktion. [...] Unter dem Aspekt dieser Einsicht läßt sich begreifen, daß der technische Prozeß der Steuerung, also der genauen raum-zeitlich rhythmischen Beherrschung mechanischer Vorgänge für die maschinenmäßige Reproduktion gewisser intellektueller Aktionen unseres Bewußtseins entscheidend sein muß.«[134]

Generative Ästhetik

Der letzte Satz deutet es bloß an, doch durch die kybernetische Revolution ist bereits in Aussicht gestellt, dass sich menschliches Verhalten und Denken bald technisch messen und manipulieren, eben steuern lassen. Bense begrüßte diese Aussicht nicht nur, sondern bemühte sich selbst darum, die Theorie sowie Praxis moderner Ästhetik von Irrationalismen zu befreien, die etwa auf den Genieglauben oder das Mysterium der ästhetischen Erfahrung zurückgingen, um umgekehrt eine »technologische Ästhetik« zu propagieren:

»Wir haben also nicht nur eine moderne Kunst, sondern auch eine moderne Ästhetik und der Ausdruck ›modern‹ soll bedeuten, daß es sich um eine fachwissenschaftliche, nicht nur philosophisch fundierte Ästhetik handelt, daß sie ein methodisch zugängliches offenes Forschungsgebiet, darin rationale und empirische Verfahren der Untersuchung gegenüber spekulativen und metaphysischen Interpretation vorgezogen werden. Denkt man daran, daß diese moderne Ästhetik eine verzweigte Grundlagenforschung besitzt, die sich auf Begriffe, Vorstellungen und Resultate der Mathematik, der Physik, der Kommunikationsforschung und Informationstheorie stützt, so wird es sinnvoll, von einer exakten und *technologischen Ästhetik* zu sprechen, die [...] tatsächlich ein Novum darstellt.«[135]

Bense will ästhetische Objekte nicht einfach kritisch interpretieren, sondern wissenschaftlich erforschen:

»Diese Ästhetik ist allgemein, sofern sie die spezifische Realität der Kunstwerke aller Art und Gattung als ›ästhetische Realität‹ bestimmt, die, als Komplement der physikalischen Realität der Kunstwerke aller Art und Gattung, wie diese numerisch feststellbar, darstellbar und erforschbar ist. Das bedeutet, daß es eine objektivierbare ästhetische Wirklichkeit gibt, die Voraussetzung ästhetischer Forschung ist.«[136]

Diese zur physikalischen komplementäre, ästhetische Wirklichkeit soll aber nach wissenschaftlichen Standards festgestellt, dargestellt und erforscht werden, um sie auf der Basis der gewonnenen Erkenntnisse wiederum konkret zu verändern. Abstrakte Einsichten sollen konkrete Praktiken generieren und umgekehrt:

»Das effektive Ziel des Systems generativer Ästhetik besteht darin, die Charakteristiken ästhetischer Strukturen, die in einer Menge materialer Elemente realisierbar sind, numerisch und operationell so zu beschreiben, daß sie als abstrakte Schemata [...] gelten können und manipulierbar einer materialen, ungegliederten [...] Menge von Elementen aufgedrückt werden können [...]. Das Aufdrücken ist indessen nicht als Anwendung einer Schablone zu verstehen, sondern als Erzeugungsprinzip. [...] Die generative Ästhetik ist also eine ›Erzeugungsästhetik‹.«[137]

Benses generative Ästhetik ˣ versteht sich als wissenschaftliche Schematisierung »ästhetischer Objekte« anhand numerischer und operationeller Beschreibungen. Mithilfe der Mathematik, Informationstheorie und Semiotik will sie Gesetzmäßigkeiten an »ästhetischen Objekten« ausfindig machen, die sich wiederum auf die unterschiedlichsten Materialien schematisch anwenden lassen sollen, um aus ihnen weitere ästhetische Objekte zu erzeugen. Dass das Schema dabei keine bloße »Schablone«, sondern ein »Erzeugnisprinzip« sei, erinnert unweigerlich an den kantischen Schematismus und bestätigt damit rückwirkend dessen Bedeutung für die moderne Tradition eines generativen Formalismus und produktiven Funktionalismus: »Im Ganzen [...] unterscheidet sich die ›künstliche‹ von der ›natürlichen‹ Produktionskategorie durch die Einführung eines Vermittlungsschemas zwischen Schöpfer und Werk, bestehend aus Programm und Programmiersprache, womit eine ungewohnte Arbeitsteilung im ästhetischen Prozeß verknüpft ist.«

x
Generative Ästhetik
In Anlehnung an die »generative Grammatik« innerhalb der Linguistik geht Bense davon aus, dass ästhetischen Phänomenen Schemata zugrunde liegen, die sich exakt beschreiben lassen, um aus ihnen weitere ästhetische Phänomene methodisch generieren zu können.

Indem das Schema als Vermittlungsinstanz zwischen Schöpfer und Werk eigens thematisch wird, wird es zugleich selbst zum »Programm« einer generativen Ästhetik: Das Selbstverständnis moderner Gestaltung muss vom Schema seinen Ausgang nehmen, weil genau dort die Vermittlung von ideellem Konzept und realem Produkt ihren systematischen Ort hat. Zudem macht erst das Schema nach der einen Seite die moderne Maschine und nach der anderen die moderne Gestaltung (im Unterschied zu Kunst und Kunsthandwerk) denkbar: Erst die Gestaltung von Schemata, die sich auch für eine maschinelle Massenproduktion eignen, weist dem modernen Design seinen eigenen Platz an innerhalb einer funktionell ausdifferenzierten, arbeitsteiligen Gesellschaft.

Will das Design also Wissenschaft sein, um wiederum Wissen zu schaffen für die eigene Praxis, sieht es sich nach Bense vor die Aufgabe gestellt, eine Theorie des Schemas und eine Praxis der Schematisierung zu entwickeln, die mit den technologischen Entwicklungen Schritt hält. Das heißt aber, jene vor sich gehende Evolution – die sich verändernde Umwelt der technischen Existenz Mensch – nicht nur zu interpretieren, sondern selbst nach rationalen Kriterien und anhand wissenschaftlicher Methodologien zu verändern. Wissen schafft Macht, den Einzelfall unter die allgemeine Regel zu subsumieren und umgekehrt aus der Regel wiederum einen neuen Einzelfall zu generieren.

Diese Macht gründet letztlich auf dem Glauben an eine kybernetische Schematisierbarkeit des Lebens: Die Verwissenschaftlichung von Philosophie und Design soll Rationalität, Funktionalität, Normierung und letztlich Aufklärung allen Aberglaubens durch eine ausgeklügelte Systemtechnik bedeuten – so zumindest die Hoffnung. Doch lässt sich Aufklärung überhaupt kalkulieren und der gesellschaftliche Progress industriell produzieren? Oder erweist sich die Gestaltungsmacht der Wissenschaft womöglich selbst problematischer als man befürchten könnte?

»Die Subsumtion des Tatsächlichen, sei es unter die sagenhafte Vorgeschichte, sei es unter den mathematischen Formalismus, die symbolische Beziehung des Gegenwärtigen auf den mythischen Vorgang im Ritus oder auf die abstrakte Kategorie in der Wissenschaft läßt das Neue als Vorbestimmtes erscheinen, das somit in Wahrheit das Alte ist. Ohne Hoffnung ist nicht das Dasein sondern das Wissen, das im bildhaften oder mathematischen Symbol das Dasein als Schema sich zu eigen macht und perpetuiert. [...] Der Animismus hatte die Sache beseelt, die Industrialismus versachlicht die Seelen.«[139]

Theodor W. Adorno und Max Horkheimer

Den »relativen Optimismus«[140] Benses bezüglich einer aufklärerischen Rationalität mochten die aus dem Exil zurückgekehrten Urväter der kritischen Theorie,[141] Theodor W. Adorno und Max Horkheimer x, nicht teilen. War man sich auch darin einig, dass nach Auschwitz auf das bloße Gefühl – und sei es auch für die Menschlichkeit – kein Verlass mehr war, so ging die Meinung doch an dem Punkt bis zum Widerspruch auseinander, an dem Bense das Denken auf Rationalität im Dienste moderner Funktionalität verpflichten wollte. Hatte nicht der systematische Massenmord an sechs Millionen Juden gerade gezeigt, dass die Vernunft, sofern sie zu einer rein instrumentellen pervertiert, ihre Selbstvernichtung betreibt?[142] Hier war eine *Dialektik der Aufklärung* selbst zu beobachten, die Adorno und Max Horkheimer als das Verhängnis der abendländischen Geschichte herausarbeiten sollten – anfangend beim mythischen Odysseus, endend in der Kulturindustrie ihrer Gegenwart.

x
Theodor W. Adorno und Max Horkheimer 1903–1969 und 1895–1973
Ihrer beider Tätigkeit für das linksorientierte Institut für Sozialforschung in Frankfurt (im Falle Adornos auch dessen jüdische Herkunft) zwang sie ins Exil, aber führte sie nach dem Krieg auch wieder nach Deutschland zurück, um einen Neustart zu wagen. Vor allem Adorno galt nach der Rückkehr als philosophisches Gewissen einer konsum- und verdrängungsfreudigen, neuen Bundesrepublik. Ihm ist wohl auch der Hauptanteil an der *Dialektik der Aufklärung* zuzuschreiben.

Als das traurige Ergebnis dieser Dialektik x erweist sich nach Adorno und Horkheimer immer wieder ein vernichtender Umschlag von Aufklärung in Barbarei und damit gewissermaßen in das ursprüngliche Elend, aus dem sich die Vernunft gerade zu befreien hoffte. Aufklärung, solange sie sich nicht zugleich über sich selbst aufklärt, ihre Zwecke, ihre Mittel, gerät selbst zum Mythos. Doch dem Mythos zu entrinnen, ist nicht nur der Zweck, sondern zugleich auch das Verhängnis der Aufklärung. Wie sich herausstellt, ist der Mythos nicht einfach das bloße Gegenteil, gleichsam ein Naturzustand von Wilden gegenüber der Zivilisation, sondern selbst gerade der erste befreiende Schritt aus dem Bannkreis der Natur, mithin selbst der erste Schritt der Aufklärung.[143]

x
Dialektik
Erstmals von Platon verwendet, bezeichnet die Dialektik eine Form der Gesprächsführung und Gedankenentwicklung, die im Laufe der Philosophiegeschichte, insbesondere bei Hegel, systematischen Charakter erlangt, um bei Adorno und Horkheimer einer radikalen (Selbst-)Kritik unterzogen zu werden.

Ist diese Aufklärung einmal in Gang, läuft sie stets Gefahr, ihre eigene Herkunft zu verdrängen und, anstatt einer verheißungsvollen Zukunft entgegenzuschreiten, letztendlich im Kreis zu laufen. Geht der Mythos von einer unhintergehbaren Vergangenheit aus, die die Gegenwart immer wieder einholt, eilt die Aufklärung dagegen in eine neblige Zukunft voraus, die sie letzten Endes wieder an ihren Ausgangspunkt zurückführt. Das Neue besteht lediglich darin, das jüngste Älteste zu sein, der vorerst aufgeklärteste Mythos – im vorliegenden Fall eben der Mythos der Aufklärung selbst:

»Nicht was ihre romantischen Feinde ihr seit je vorgeworfen haben, analytische Methode, Rückgang auf Elemente, Zersetzung durch Reflexion ist ihre Unwahrheit, sondern daß für sie der Prozeß von vornherein entschieden ist. Wenn im mathematischen Verfahren das Unbekannte zum Unbekannten einer Gleichung wird, ist es damit zum Altbekannten gestempelt, ehe noch ein Wert eingesetzt wird. [...] Denken verdinglicht sich zu einem selbsttätig ablaufenden, automatischen Prozeß, der Maschine nacheifernd, die er selber hervorbringt, damit sie ihn schließlich ersetzen kann.«[144]

Das Sich-Verlaufen der Vernunft im bloß maschinellen Ablauf steht im Kleinen für den Verlauf der Aufklärung im Großen. Vom ursprünglichen Mythos unterscheiden die moderne Aufklärung allein die Mittel, deren sich die Vernunft bedient, um die Übermacht der Natur zu bändigen. Waren es ehemals noch Sage und Ritus, die es gestatteten, die Unbarmherzigkeit des Tatsächlichen als ein (göttliches) Schicksal zu ertragen, sind es nunmehr mathematische Formalisierungen, wissenschaftliche Kategorisierungen und technologische Manipulierungen von allem und jedem, die Freiheit vom natürlichen Zwang versprechen.

Dieser Fortschritt entpuppt sich für Adorno und Horkheimer jedoch darum als ein gleichzeitiger Rückschritt, weil die Befreiung von vorne herein durch eine Selbstfesselung erkauft scheint, wie sie im Mythos des Odysseus versinnbildlicht sein soll. Um dem Gesang der Sirenen, der Natur, lauschen zu können, ohne überwältigt und ins Verderben gelockt zu werden, lässt sich Odysseus, der Bürger avant la lettre, von seiner Mannschaft an den Schiffsmast binden; diese, die Proletarier, versehen währenddessen mit verstopften Ohren teilnahmslos ihren Ruderdienst und passieren so die gefährliche Insel. Gegen die Gewalt der Natur hilft allein die Vergewaltigung der Natur – zuerst und zuletzt der menschlichen Natur selbst durch die moderne Techno(ideo)logie: »Technische Rationalität heute ist die Rationalität der Herrschaft selbst. Sie ist der Zwangscharakter der sich selbst entfremdeten Gesellschaft.«[145]

Wie entschieden dieser Zwangscharakter einer industrialisierten Rationalität die Seelen bereits versachlicht hat, zeigt das Aufkommen der Kulturindustrie [x] als Komplement zur industriellen Ausbeutung der Natur. Der Erfolg dieser nunmehr auch kulturellen Verdinglichung zeigt sich am Ausmaß der Schematisierung der Seele selbst:

x
Kulturindustrie
Generalanklage gegenüber der Nachkriegsgesellschaft, kulturelle Erzeugnisse wie Waren zu handeln. 1964 erweiterte Hans Magnus Enzensberger (geb. 1929) die Diagnose um das Konzept der »Bewusstseinsindustrie«, wonach jeder Bewusstseinsinhalt mittlerweile der industriellen Produktion unterliege (einschließlich ihrer Kritik).

»Die Leistung, die der Kantische Schematismus noch von den Subjekten erwartet hatte, nämlich die sinnliche Mannigfaltigkeit vorweg auf den fundamentalen Begriff zu beziehen, wird dem Subjekt von der Industrie abgenommen. Sie betreibt den Schematismus als ersten Dienst am Kunden. [...] Ist auch die Planung des Mechanismus durch die, welche die Daten beistellen, die Kulturindustrie, dieser selber durch die Schwerkraft der trotz aller Rationalisierung irrationalen Gesellschaft aufgezwungen, so wird doch die verhängnisvolle Tendenz bei ihrem Durchgang durch die Agenturen des Geschäfts in dessen eigene gewitzigte Absichtlichkeit verwandelt. Für den Konsumenten gibt es nichts mehr zu klassifizieren, was nicht selbst im Schematismus der Produktion vorweggenommen wäre.«[146]

Kulturindustrie

Hatte Bense die wissenschaftliche Schematisierung als gestalterisches »Erzeugungsprinzip« propagiert, erblicken Adorno und Horkheimer im industriellen Schema vielmehr das ökonomische Ausbeutungsprinzip einer totalitären Rationalität. Bis in die elementare Bedürfnisstruktur des Subjekts vordringend, erweist sich die Typisierung der Produktion als Mechanismus einer untergründigen Gleichschaltung der Konsumentenschar. Doch noch mehr als das: Das Angebot bestimmt die Nachfrage und nicht umgekehrt, weil das Angebot wiederum durch eine gestalterische Schematisierung der Produktion bestimmt wird, die ihren eigenen Konsumenten gleich mitproduziert.

Das Beängstigende liegt nach Adorno und Horkheimer weniger in einer Planwirtschaft, die der Nachfrage bisweilen das Angebot verweigern müsste, weil es nicht vorgesehen ist, sondern in der »gewitzigten Absichtlichkeit« eines Kapitalismus, der Konsumenten Bedürfnisse einflüstert, von denen sie bis dato selbst nichts ahnten. Denn das Schema, wie wir bei Kant bereits erfahren haben, besorgt nicht einfach die Subsumtion des Einzelfalls unter das Allgemeine, sondern erlaubt es gerade darum, »die sinnliche Mannigfaltigkeit vorweg auf den fundamentalen Begriff zu beziehen«, weil es dem Begriff erst sein Bild verschafft wie umgekehrt den Begriff erst bildet. Mit anderen Worten ist Benses »Erzeugungsprinzip« des Schemas geradezu das Ausbeutungsprinzip des Konsumenten, weil es fortwährend durch neue Gedanken neue Gestalten schafft et vice versa.

Das Design, wo es sich nicht um Aufklärung (auch über sich selbst) bemüht, wird dabei gar zur Hauptagentur dieses kapitalträchtigen Geschäfts. So beweist sich diese inhärente Kreativität des Schemas bis heute zum Beispiel durch die Innovationen der Kreativwirtschaft (inklusive ihrer selbst).

Schaut man mit Adorno und Horkheimer genauer hin, scheint es nämlich mitnichten in dieser gewitzigten Absicht zu liegen, der aufklärerischen Rationalität vollends zum Durchbruch zu verhelfen, sondern den Konsumenten stattdessen beständig in einer mythischen Unklarheit darüber zu belassen, was er eigentlich will und wer er eigentlich ist – und zwar um mit ihm weiterhin jenes Verwirrspiel von Neu und Alt spielen zu können. Gerade wo der Rationalismus sich allzu betont funktionalistisch gibt, dort stützen sich seine Kalkulationen auf einen verbreiteten Irrationalismus, der sich besser auspressen als ausmerzen lässt.

Kurzum: Der universale Verblendungszusammenhang ist ein gestalteter und der propagierte Funktionalismus nicht nur eine Strategie, sondern gleichermaßen eine Ideologie der Aufklärung:

»Die Frage des Funktionalismus ist die nach der Subordination unter die Nützlichkeit. [...] Nützlichkeit hat in der bürgerlichen Gesellschaft ihre eigene Dialektik. Das Nützliche wäre ein Höchstes, das menschliche gewordene Ding, die Versöhnung mit den Objekten [...]. Als Fluchtpunkt der Entwicklung ließe sich denken, daß die ganz nützlich gewordenen Dinge ihre Kälte verlören. Nicht nur die Menschen müssten dann nicht länger leiden unter dem Dingcharakter der Welt: ebenso widerführe den Dingen das Ihre, sobald sie ganz ihren Zweck fänden, erlöst von der eigenen Dinglichkeit. Aber alles Nützliche in der Gesellschaft ist entstellt, verhext. Daß sie die Dinge erscheinen läßt, als wären sie um der Menschen willen da, ist die Lüge; sie werden produziert um des Profits willen, befriedigen die Bedürfnisse nur beiher, rufen diese nach Profitinteressen hervor und stutzen sie ihnen gemäß zurecht.«[147]

Nützlichkeit [x] als Selbstzweck des Funktionalismus nützt unter kapitalistischen Bedingungen vor allem dem Profit. Dagegen entwirft Adorno zumindest in Ansätzen die Utopie einer Nützlichkeit, die weder eine Subordination der Dinge unter den Herrschaftswillen des Menschen noch umgekehrt die des Menschen unter den Sachzwang der Dinge verlangte. Doch die Ratio der kapitalisierten Gesellschaft scheint für diese Form der Nützlichkeit keine Funktion vorzusehen; hieße dies doch, die ursprüngliche Trennung zwischen Aufklärung und Mythos aufzuheben und damit auch deren verhängnisvolle Dialektik in einen ebenbürtigen Dialog zu verwandeln, der nicht mehr im Zeichen bloßer Naturgewalten oder der Kulturindustrie stünde.

Zugegeben, diese Versöhnungsgeschichte klingt eher nach einem Märchen aus vergangenen Zeiten oder umgekehrt nach einer Science Fiction über eine ferne Zukunft. Doch wer hätte gedacht (und am wenigsten wohl Adorno selbst), dass diese Erzählung bald auf paradoxe Weise Wirklichkeit werden sollte? Nicht nur, dass Märchen und Science Fiction sich vereinen sollten zu den wundersamsten Narrativen einer sogenannten Postmoderne – sondern wie dies überhaupt geschehen konnte scheint das Unglaublichste an der ganzen Geschichte.

Denn es begab sich durch die technologische Entwicklung selbst, dass ihre Selbstaufklärung mit ihrer Re-Mythologisierung der Lebenswelt in eins fiel. Seit dem Siegeszug der Neuen Medien (angefangen beim Fernsehen über Video, tragbare Abspielgeräte und Gameboys bis zu den Tamagotchis der 1990er-Jahre) schienen auch die anderen von ihrer bloßen »Dinglichkeit erlösten Dinge« zeitweise förmlich nach Aufmerksamkeit zu schreien: Aus den ehemals stillen Dienern funktionalistischer Produkte wurden Diskursgestalten einer nunmehr unüberhörbaren Produktsprache.

x
Nützlichkeit
Gemeinhin verstanden als der bloße Nutzen eines Mittels für einen anderen Zweck, verbirgt sich schon hinter der utilitaristischen Vorstellung eines Nutzens von allen für alle zugleich die Utopie einer vielseitigen Gesellschaft wechselseitiger Anerkennung – würde manch einer sie nicht allein zu eigenen Zwecken ausnützen.

Jede Disziplin hat ihren Spaß. Doch die Philosophie neigt dazu, mit ihrem Spaß Ernst zu machen. Schien die postmoderne Heiterkeit nach der vorangegangenen Ernüchterung zunächst wie eine Befreiung, sollte sich jedoch bald herausstellen, dass sie bloß vorübergehend war. Ihre kritische Auseinandersetzung mit allem und jedem hatte wesentlich zur endgültigen Zersetzung der Moderne beigetragen. Die Verlegenheit darüber, was dagegen folgen sollte, gab ihr den Namen. Wenn etwas zu Ende geht, lässt uns ein ernsthaftes Lachen akzeptieren, dass es entweder überhaupt nicht oder anders weitergehen wird.

Postmoderne und Jean-François Lyotard

Im Laufe der 1970er-Jahre kommt es zu einer tektonischen Verschiebung in der Diskurslandschaft. Ein seit dem Anfang des 20. Jahrhunderts anlaufender linguistic turn x in den Geistes- und Sozialwissenschaften schien auch das Design auf eine neue, betont sprachliche Basis zu stellen und seinen Gestaltungshorizont zu erweitern. War der doktrinäre Funktionalismus bereits Ende 1960er-Jahre verdächtig geworden,[148] nicht zuletzt im Zuge der Studentenrevolten, verabschiedete ihn die Postmoderne kurzerhand durch eine betonte Emotionalisierung, Semiotisierung x und Semantisierung x des Designs.

x
Linguistic turn
Der auf den Wissenschaftstheoretiker und Philosophen Gustav Bergmann (1906–1987) zurückgehende Begriff fand spätestens mit Richard Rortys (1931–2007) gleichnamiger Anthologie von 1967 seine wissenschaftliche Verbreitung. Grundannahme ist dabei, dass die Sprache nicht nur eine expressive, sondern zutiefst konstitutive Funktion für das menschliche Denken erfüllt.

Gruppierungen wie das Studio Alchimia x suchten zunächst in Italien Anschluss an ein erweitertes, gesellschaftskritisches Kunstverständnis, das sich vom klassischen Werkcharakter löste und mit neuen Formen der Kreativität experimentierte. Nachdem die Pop Art der 1960er-Jahre die Grenze zum Design bereits durchlässig gemacht hatte, schien nun auch in umgekehrter Richtung ein reger Grenzverkehr zu entstehen. Sei es als politische Kritik oder ästhetisches Spiel, Design verstand sich zunehmend als kommunikative Option, sich in der medialen Öffentlichkeit oder im stillen Kämmerlein der Konsumenten Gehör zu verschaffen.

x
Semiotik und Semantik
Etymologisch von »semeion« (Altgriechisch für »Zeichen«) abstammend versteht sich die Semiotik als die Wissenschaft vom Wesen, der Genese und dem Gebrauch von Zeichen. Daran anschließend steht die Semantik, von »semainein« (Altgriechisch für »bezeichnen«), für die Bedeutungslehre der Zeichen.

x
Alchimia
Der 1976 in Mailand gegründeten Vereinigung gehörten Designgrößen wie Ettore Sottsass (1917–2007) oder Alessandro Mendini (geb. 1931) an.

Dem entspricht in philosophischer Hinsicht der Siegeszug der sogenannten »French Theory« in ihrer Absage an die akademische Philosophie und deren klassische Narrative der Moderne: »Der Rekurs auf die großen Erzählungen ist ausgeschlossen; man kann sich also für die Gültigkeit des postmodernen Diskurses weder auf die Dialektik des Geistes noch auf die Emanzipation der Menschheit berufen.«[149] Diese Worte Jean-François Lyotards x [150] aus dem Jahre 1979 umreißen die Ausgangslage der von ihm sogenannten »condition postmodern«.[151] Ein tiefes Misstrauen gegenüber polit-philosophischen Heilsgeschichten verlangt angesichts ihres kommunistischen sowie kapitalistischen Scheiterns nach neuen Wegen der Sinnstiftung. Noch offen zu stehen scheint dagegen der Weg der »kleinen Erzählung«, die für Lyotard »die Form par excellence der imaginativen Erfindung«[152] darstellt. Was damit gemeint ist, führt Lyotard an früherer Stelle aus:

x
Jean-François Lyotard 1924–1998
Lyotard durchlief in seiner intellektuellen Biographie mehrere Wandel: Beginnend als sozialistischer Phänomenologe, wandte er sich ab den 1970er-Jahren Fragen einer Revolution der Begierde zu, um ab dem Ende der Dekade zum Haupttheoretiker der Postmoderne zu avancieren.

»Man kann diese Fähigkeit, zusammen zu artikulieren, was nicht zusammen war, als Phantasie bezeichnen. [...] Nun ist es erlaubt, sich die Welt des postmodernen Wissens als von einem Spiel vollständiger Information geleitet vorzustellen [...]. Bei gleicher Kompetenz hängt der Zuwachs an Performativität [...] also letztlich von dieser ›Phantasie‹ ab, die entweder erlaubt, einen neuen Spielzug durchzuführen, oder die Regeln des Spiels zu verändern.«[153]

Der moderne Fortschritt hat ausgedient, wenn darunter eine lineare Entwicklung entlang festgesetzter Wegmarken verstanden wird. Stattdessen scheint jene große Erzählung par excellence, die der einen Geschichte selbst, nurmehr eine unter vielen Geschichten der Fantasie und mitnichten die vielversprechendste. Denn was ihr abgeht, ist gerade die Möglichkeit einer kreativen Abweichung von einem vermeintlich regelmäßigen Verlauf. Unter den Bedingungen »vollständiger Information« (wie sie von den medialen Entwicklungen zumindest in Aussicht gestellt werden) zählt neuerdings vor allem Kreativität und Spontaneität. So scheinen vor allem jene Spielzüge besondere Aufmerksamkeit zu verdienen, deren kombinatorische Fantasie das festgefahrene System der Regeln auf unerwartete Weise verändert. Was meint also ein solcher Spielzug?

»Es war die Stärke Wittgensteins, daß [...] er in seiner Untersuchung der Sprachspiele die Perspektive einer anderen Art von Legitimierung als die der Performativität entwarf. Mit ihr hat die postmoderne Welt zu tun. Die Sehnsucht nach der verlorenen Erzählung ist für den Großteil der Menschen selbst verloren. Daraus folgt keineswegs, daß sie der Barbarei ausgeliefert wären. Was sie daran hindert, ist ihr Wissen, daß die Legitimierung von nirgendwo anders herkommen kann als von ihrer sprachlichen Praxis und ihrer kommunikationellen Interaktion.«[154]

Der späte Wittgenstein hatte in den *Philosophischen Untersuchungen* seine vorherige Sprachauffassung durch die Behauptung revidiert, dass die Sprache weniger wie ein logisches Notationssystem funktioniere, sondern vielmehr einer Sammlung von Spielen gleiche, deren Spielregeln sich im Einzelnen zwar überschneiden würden, im Ganzen jedoch nicht auf ein einheitliches Regelset zurückgeführt werden könnten. Stattdessen wandeln sich die Regeln bisweilen im Akt ihrer Anwendung, indem neue Spielzüge in Gebrauch kommen oder gar neue Sprachspiele erfunden werden (genetische Codes, Maschinensprachen oder auch neue Notenschriften).

x
Sprachspiel
Nach Wittgenstein jede Form einer sprachlichen Äußerung innerhalb eines praktischen Kontextes, die erst im Wechselspiel von beidem ihre Bedeutung erhält.

Vor allem aber steht der Ausdruck Sprachspiel [x] nicht allein für die Struktur der Sprache, sondern verdeutlicht gerade das Verhältnis von Sprache und Handlung, wie es in der Spracherlernung bei Kleinkindern zum Vorschein kommt: Worte werden im Gebrauch von Gegenständen sowie zum Gebrauch von Gegenständen spielerisch erlernt und gewissermaßen selbst als Werkzeuge gebraucht, um bestimmte Handlungen erst zu ermöglichen oder zu vollziehen: »Ich werde [...] das Ganze: der Sprache und der Tätigkeiten, mit denen sie verwoben ist, das ›Sprachspiel‹ nennen.«[155]

Indem Lyotard sich auf Wittgenstein beruft, versteht er die eigene Rede von fantasievollen Spielzügen also im Sinne einer Diskursstrategie, die etablierten Sprachspiele (zum Beispiel der großen Erzählungen) zu unterminieren.[156] Sie allein als Sprachspiele aufzufassen, setzt sie bereits der Kritik aus, ihre Legitimität letztlich nur aus ihrer Performativität, das heißt dem Spielen nach ihren Regeln, zu ziehen. Soll ihre Legitimierung jedoch »von nirgendwo anders herkommen [...] als von ihrer sprachlichen Praxis und ihrer kommunikationellen Interaktion«, genügt es bisweilen schon, letztere willentlich zu verändern, um neue Sprachspiele zu etablieren. Mag man dabei vorübergehend auch zum Spielverderber werden, den kritischen Impetus begleitet unverkennbar ein gewisser postmoderner Hedonismus: die Lust am Spiel – nicht zuletzt mit den Spielregeln selbst.

Dieselbe Strategie und Lust verfolgt das postmoderne Design, wenn es sich selbst als ein Sprachspiel versteht, das mit unterschiedlichen Designs unterschiedliche Züge macht, die das menschliche Gegenüber provozieren oder besänftigen mögen, überzeugen, belehren, beschreien, aber auch kritisieren können und so fort. So ist es bereits zu einer Selbstverständlichkeit geworden, dass Designprodukte im weitesten Sinne nicht weniger kommunizieren als funktionieren. Design wird unter der »condition postmodern« zur Produktsprache der kleinen Erzählungen. Bliebe von den großen Erzählungen der Moderne also nur noch ein postmoderner Small Talk übrig?

Jacques Derrida

Streng genommen ist Lyotards Theorie der Sprachspiele selbst nicht gerade die kleinste Erzählung, behauptet sie doch von sich, die Geschichte der Moderne zu Ende zu erzählen. Ein weiterer und mindestens ebenso einflussreicher Zeitgenosse Lyotards setzt ebenfalls an diesem Punkt an; holt jedoch weiter aus. Jacques Derridas x Projekt der Dekonstruktion[157] versteht sich als eine Art Nachruf nicht nur auf die Moderne, sondern auf die ganze Geschichte der Metaphysik. Und wie es sich für einen Nachruf gehört, wird der Verschiedene noch einmal, wenngleich aus einer nunmehr unüberbrückbaren Distanz zum Leben erweckt:

x
Jacques Derrida
1930–2004
Derrida zählt zu den prominentesten Vertretern der French Theory. Bis heute scheint sein Einfluss auf die Philosophie und Literaturtheorie sowohl in Europa als auch in den USA immens.

»Zweifellos ist das *Problem der Sprache*, was immer man darunter versteht, nie ein Problem unter anderen gewesen. Nie zuvor aber hat es sich *als solches* in einem derartigen Ausmaß des gesamten Horizontes verschiedenster Untersuchungen [...] bemächtigt. [...] Die Inflation des Zeichens ›Sprache‹ ist die Inflation des Zeichens selbst [...]: diese Krise ist zugleich ein Symptom. Gewissermaßen gegen sich selbst gerichtet, zeigt sie an, daß eine historisch-metaphysische Epoche schließlich die Totalität ihres Problemhorizonts als Sprache bestimmen *muß*.«[158]

Der lingustic turn, der seit Anfang des 20. Jahrhunderts immer weitere Kreise gezogen hatte, bis er in dessen zweiten Hälfte zum dominierenden Paradigma der Geistes- und Sozialwissenschaften wurde, stellt für Derrida weniger einen neuen Lösungsansatz als vielmehr das »Symptom« eines uralten Problems dar, das nunmehr zum Ausbruch kommt. Neuerdings spricht und schreibt man über die Sprache selbst. Jedoch nicht die Sprache als gesprochene, sondern ihr Zeichencharakter scheint zu einem inflationär diskutierten Thema geworden. Allenthalben taucht das Zeichen »Sprache« auf und verweist dabei vor allem auf sich selbst: Das Zeichen »Sprache« innerhalb der unterschiedlichsten Diskurse bezeichnet das Sprechen der Zeichen. Die Interpretation der Sprache selbst durchläuft also eine »semiotische Wende« und kehrt damit in den Augen Derridas einen bestimmten Aspekt heraus:

»Mit einer behutsamen Bewegung [...] beginnt alles, was seit wenigstens zwei Jahrtausenden sich unter dem Namen der Sprache zu versammeln trachtete und damit schließlich auch Erfolge hatte, sich nun in den Namen der Schrift zu verlagern [...]. Mit einer Notwendigkeit, die kaum wahrzunehmen ist, scheint der Begriff der Schrift zusehends die Extension der Sprache zu überschreiten; er hört auf, eine besondere und abgeleitete, eine Hilfsform der Sprache im allgemeinen [...], die Hülle, das inkonsistente Doppel eines höheren Signifikanten, den *Signifikanten des Signifikanten* zu bezeichnen.«[160]

Auf den Vater des linguistic turn, Ferdinand de Saussure ˣ, zurückgehend umschreibt Derrida einen Paradigmenwechsel, der letztlich nichts weniger bedeuten soll, als eine Wende der abendländischen Kultur.[161] De Saussure hatte jedes Zeichen als eine Doppelgestalt von Lautbild (Signifikant) und mentaler Vorstellung (Signifikat) definiert, wobei er davon ausging, dass der primäre Signifikant des Signifikats das Phonem der menschlichen Stimme sei.[162] Der Schrift hingegen kam die Rolle zu, wiederum nur der (sekundäre) Signifikant dieses (primären) Signifikants des (eigentlichen) Signifikats zu sein, mithin das Notationssystem der stimmlichen Repräsentation der mentalen Vorstellung. Mehr als um eine Klassifizierung handelt es sich hierbei zugleich um eine Hierarchie: Der Gedanke ist der Ursprung, der in der Stimme seine eigentliche Ausdrucksform besitzt, die sich wiederum durch die Schrift festhalten lässt.

x
Ferdinand de Saussure
1857–1913
Schweizer Sprachwissenschaftler und Mitbegründer des Strukturalismus, dessen Hauptwerk, *Grundlagen der allgemeinen Sprachwissenschaft*, erst 1916 als eine Vorlesungsmitschrift seiner Schüler einer breiteren Öffentlichkeit zugänglich wurde.

Derrida nun behauptet dagegen, dass diese Hierarchie gerade die Matrix der Metaphysik bilde, deren Ende sich nunmehr dadurch abzeichne, dass die Schrift sich von dieser phonozentristischen Sprachauffassung emanzipiere. Demzufolge gilt:

»›Signifikant des Signifikanten‹ beschreibt im Gegenteil die Bewegung der Sprache – in ihrem Ursprung [...]. Das Signifikat fungiert darin seit je als ein Signifikant. [...] Es gibt kein Signifikat, das dem Spiel aufeinander verweisender Signifikanten entkäme, welches die Sprache konstituiert, und sei es nur, um ihm letzten Endes wieder anheimzufallen. Die Heraufkunft der Schrift ist die Heraufkunft des Spiels; heute kommt das Spiel zu sich selbst, indem es die Grenze auslöscht, von der aus man die Zirkulation der Zeichen meinte regeln zu können, indem es alle noch Sicherheit gewährenden Signifikate mit sich reißt, alle vom Spiel noch nicht erfaßten Schlupfwinkel aufstöbert und alle Festen schleift, die bis dahin den Bereich der Sprache kontrolliert hatten.«[163]

Im »Signifikanten des Signifikanten«, wofür die Schrift nach klassischer Auffassung steht, stoßen wir zugleich auf das Bildungsgesetz von Bedeutung überhaupt: eine Zirkulation von Zeichen, die auch noch das letzte Signifikat in ein wildes Spiel der Semiose wie in einen Strudel hineinzieht. Schon de Saussure hatte hervorgehoben, dass die Bedeutung eines Zeichens letztlich nur von seinem differenziellen Verhältnis x zu allen anderen Zeichen im Sprachsystem abhänge. Jedes einzelne Zeichen bedeutet nur dadurch etwas, dass es alles andere nicht bedeutet. Was es also genau bedeutet, lässt sich nur in Abgleichung mit allen anderen Zeichen bestimmen – eine müßige Arbeit, da die Sprache sich mit der Zeit und durch ihren Gebrauch ständig wandelt.

x
Differenzielles Verhältnis
Ausgehend von diesem Prinzip konzipiert Derrida sein eigenes unter dem künstlichen Namen der »différance« (»différer« Französisch für »aufschieben« und »verschieden sein«): die doppeldeutige Produktion des Differierens.

Wie Lyotard so erblickt auch Derrida hierin die Möglichkeit zum ernsten Spiel mit etablierten Diskursen; führt diesen unaufhaltsamen Zeichenstrom auf dem Grund aller menschlichen Kultur jedoch auf die Schrift zurück. »Schrift« bedeutet in diesem Kontext freilich mehr als ein bloßes Aufschreiben. Es ist die erklärte Absicht und Aufgabe der Grammatologie x, wie sie Derrida vor Augen steht, erst ausfindig zu machen, was mit »Schrift« jenseits ihrer metaphysischen Vereinnahmung gemeint sein könnte: »Alles verhält sich so, als ob der abendländische Begriff der Sprache [...] sich heute als Stellvertretung oder als Verstellung einer ersten Schrift enthüllte. Einer Schrift, die viel grundlegender ist als jene, die vor dieser Wende als das ›einfache Supplement zum gesprochenen Wort‹ (Rousseau) galt.«[164]

x
Grammatologie
Derridas gleichnamiges Hauptwerk von 1967 erklärt die vermeintliche Hilfsdisziplin der Sprachwissenschaft, die »Lehre von der Schrift«, zum eigentlichen Grund der Kultur und widersetzt sich damit der gängigen Auffassung eines Vorrangs der Mündlichkeit samt ihren metaphysischen Implikationen.

Dies mag zunächst nach bloßen Versprechungen klingen, doch inwieweit diese heute bereits Wirklichkeit geworden sind, mochte Derrida selber noch nicht erahnen: »Im Hinblick auf die elementarsten Informationsprozesse in der lebenden Zelle spricht auch die Biologie heute von Schrift und *Pro-gramm*. Und endlich wird der ganze, vom kybernetischen Programm eingenommene Bereich [...] ein Bereich der Schrift sein. Selbst wenn man annimmt, daß die Theorie der Kybernetik sich aller metaphysischen Begriffe [...] begeben kann, die noch vor kurzem dazu dienten, die Maschine dem Menschen gegenüberzustellen, so wird sie dennoch am Begriff der Schrift, der Spur, des Gramma oder des Graphems so lange festhalten müssen, bis schließlich auch das, was an ihr selbst noch historisch-metaphysisch ist, entlarvt wird. Noch bevor man es als human [...] oder als a-human bestimmte, wäre *Gramma* – oder *Graphem* – der Name für das Element.«[165]

Heute steht uns mit jeder Programmierzeile bereits buchstäblich vor Augen, was dieses »Gramma« oder »Graphem« zu bedeuten hat. Nicht mehr nur der biologische Gencode erweist sich als ein Programm, sondern ein rapide wachsender Teil unserer gegenwärtigen Lebenswirklichkeit, die Virtual Reality, ist ihrerseits bereits das Produkt einer neuen Schriftkundigkeit. Wir haben schon längst begonnen, aus jenen »Elementen« (Gramma und Graphem) Baustoffe für eine erweiterte Welt jenseits der menschlichen Sprache zu gewinnen und sind nun dabei, diesen Elementen gar ein eigenes Leben einzuhauchen.

In Form von Algorithmen begegnet uns die Signatur jener »ersten Schrift« bereits in allen Lebensbereichen. Die Komplexität und Geschwindigkeit ihrer wechselseitigen Enkodierung-, Übertragungs- und Dekodierungsverhältnisse übersteigt dabei nicht selten unser Fassungsvermögen.[166] Und wo wir derart den Eindruck gewinnen, es mit einer fortschreitenden »Selbstformierung« der Information zu tun zu haben, wird bisweilen gerne die Rede von einer künstlichen Intelligenz laut.

Derrida sollte also Recht behalten: Bis heute ist man sich nicht einig darüber, ob man diese Schrift »human« oder »a-human« nennen soll – obgleich sie mittlerweile nahezu überall in Gebrauch ist. Doch mögen die heraufziehenden Informationssysteme unseren Verstand auch bereits überragen, so gelingt ihre Reintegration in alltägliche Gebrauchszusammenhänge trotz allem erstaunlich gut. Wir bewegen uns im Cyberspace wie Fische im Wasser und haben meistens auch ebenso wenig Ahnung von diesem »Element«. Die Frage lautet also, wie dies möglich sein kann und warum wir uns im Wesentlichen nicht als entfremdet erfahren, auch wenn sich manch einer noch recht schwer tut (oder tun will ...) mit unserer digitalen Umwelt? Anders gefragt: In welchem Verhältnis steht also die derart programmierte virtuelle Realität zu der herkömmlichen unseres Alltags?

Gilles Deleuze

Als äußert aufschlussreich in diesem Kontext erweisen sich Überlegungen eines weiteren Zeitgenossen. Gilles Deleuze x [167] hatte sich ausgehend von Henri Bergson x bereits seit den frühen 1960er-Jahren mit dem Konzept der Virtualität beschäftigt [168] und seitdem immer wieder auf ein entscheidendes Missverständnis hingewiesen:

»Das Virtuelle steht nicht dem Realen, sondern bloß dem Aktuellen gegenüber. *Das Virtuelle besitzt volle Realität, als Virtuelles*. [...] Das Virtuelle muß selber als ein strikt dem Realobjekt zugehöriger Teil definiert werden – als ob das Objekt einen seiner Teile im Virtuellen hätte und darin wie in einer objektiven Dimension eingelassen wäre.«[169]

Ohne von der Tragweite dieser Einsicht schon Kenntnis haben zu können, weist Deleuze der philosophischen Diskussion medialer Virtualität gleichwohl den Weg.[170] Die Virtual Reality ist tatsächlich als eine Realität von Objekten zu betrachten und zwar nicht nur von bestimmten, sondern von allen. Was durch eine zunehmende Virtualisierung der Lebenswelt heute zum Vorschein kommt, ist weniger ein radikaler Bruch mit der alltäglichen Realität als mit dem alltäglichen Konzept von Realität.

Deleuze unterscheidet dabei vier Begriffe, die er als zwei Gegensatzpaare auffasst das Virtuelle und das Aktuelle sowie das Reale und das Mögliche: »Die einzige Gefahr bei all dem liegt darin, das Virtuelle mit dem Möglichen zu verwechseln. Denn das Mögliche steht dem Realen entgegen; der Prozess des Möglichen ist also eine ›Realisierung‹. Demgegenüber steht das Virtuelle dem Realen nicht entgegen; es besitzt volle Realität durch sich selbst. Sein Prozeß ist die Aktualisierung.«[171] Bei dieser Unterscheidung geht es Deleuze letztlich darum, der Aktualisierung gegenüber der Realisierung den Vorrang einzuräumen, um besagtem Missverständnis (einer irrealen Virtualität) abzuhelfen. Was unterscheidet also das Virtuelle vom Möglichen, sodass es gleichzeitig real sein kann, wenn auch nicht aktuell?

x
Gilles Deleuze
1925–1995
Unter den Philosophen der Postmoderne stellt Deleuze gewissermaßen das seltene Exemplar eines Metaphysikers im besten Sinne dar. Berühmt und berüchtigt für seine oft hermetischen Texte wartet er doch immer wieder mit Einsichten auf, die die Gesamtheit des Denkbaren für kurze Momente in ein erhellendes Licht rücken.

x
Henri Bergson
1859–1941
Er zählte zu den Hauptvertretern der Lebensphilosophie. Wie kaum einem anderen der Philosophenzunft wurden ihm zu Lebzeiten die höchsten Ehrungen innerhalb und außerhalb seines Fachs zuteil (darunter 1927 der Nobelpreis für Literatur). Vor allem seine Theorie des Gedächtnisses war von unerschöpflichem Einfluss auf seine Zeitgenossen.

»Immer wenn wir das Problem [der Existenz; Anm. d. Verfassers] in den Begriffen des Möglichen und des Realen stellen, werden wir genötigt, die Existenz als pures Auftauchen, reinen Akt und Sprung zu begreifen [...]. Welcher Unterschied kann dabei zwischen dem Existierenden und Nicht-Existierenden bestehen, wenn das Nicht-Existierende bereits möglich, im Begriff aufgesammelt ist, und zwar mit allen Merkmalen, die ihm der Begriff als Möglichkeit zuschreibt? Die Existenz ist *dieselbe* wie der Begriff, aber außerhalb des Begriffs. Man verlegt also die Existenz in Raum und Zeit, allerdings als indifferente Milieus, ohne daß sich die Hervorbringung der Existenz selbst in einem bestimmten Raum oder einer bestimmten Zeit vollziehe.«[172]

Wenn wir die Existenz von etwas gemäß dem Verhältnis von Möglichem und Realem auffassen, stoßen wir auf das Problem, wie wir überhaupt einen Unterschied markieren sollen zwischen dem bestimmten Begriff und der bestimmten Existenz von Etwas. Denn streng genommen unterscheidet sich das begrifflich Mögliche durch keine Bestimmung vom existierenden Realen – außer eben dadurch, dass die Existenz irgendwie »außerhalb« des Begriffs liegen soll. Die Bestimmungen von Etwas in begrifflicher sowie existenzieller Hinsicht sind vollkommen identisch, da die Existenz sowie der Begriff ihrerseits keine zusätzliche Bestimmung des Etwas darstellen. Der Begriff beziehungsweise das Mögliche ist bereits die vollkommene Bestimmung des Etwas und seine Existenz beziehungsweise Realität hingegen ein unbestimmbares Rätsel. Kurzum: Das schiere Dass-Sein von Etwas ist etwas anderes als sein bestimmtes So-oder-So-Sein.

x
Übergang als logischer Sprung
Nach Kant ist die Existenz von Etwas kein »reales Prädikat«: Dass etwas »ist«, ist keine Eigenschaft eines Etwas unter anderen, wie etwa seine Farbe. Beinhaltet der Begriff von Etwas jedoch alle dessen mögliche Eigenschaften, dann wird sein reales Existieren zu einem Rätsel. Begriff und Existenz (von Etwas) unterscheiden sich in nichts – außer »dass« sie sich unterscheiden sollen. Der Übergang von Möglichkeit zu Realität ist selbst unmöglich und irreal.

Derart jedoch erscheint der Übergang von Möglichem zu Realem als ein logischer Sprung [x], der an sich weder möglich beziehungsweise begreifbar noch real beziehungsweise existent ist – stattdessen aber Raum und Zeit vorauszusetzen scheint. Was in diesem Kontext wiederum Raum und Zeit bedeuten soll, wird gerade nicht deutlicher dadurch, dass sie als das »indifferente Milieu« der Differenzierung von Möglichem und Realem überhaupt verstanden werden. Denn Raum und Zeit fehlte damit jede Bestimmtheit, außer eben jener, Mögliches und Reales sowie Begriff und Existenz unterscheidbar zu machen.

Man sieht sich an Platon und dessen Konzept der »Prägemasse« als jenem unbestimmten Medium der Bestimmbarkeit erinnert, das letztlich irgendwie den Übergang von Urbild zu Abbild, kurz: die »Abbildung« (im verbalen Sinne Wittgensteins) besorgen soll. Und auch hier findet man sich vor dem Problem wieder, wie eine letztlich metaphysische Kluft zwischen Idee und Erscheinung oder Konzept und Produkt – oder hier zwischen Begriff und Möglichem oder Existenz und Realem – überhaupt zu überbrücken sein könnte. Dabei hatte sich gerade dieses Problem der Überbrückung, der »Hervorbringung der Existenz« (aus dem Begriff) oder auch der eigentlichen »Realisierung« (des Möglichen) als entscheidend erwiesen – nicht zuletzt für den Akt der Gestaltung[173] (im Verhältnis von Konzept und Produkt). Wie kann das Virtuelle hier nun Abhilfe schaffen?

»Schließlich wird das Mögliche, sofern es sich der ›Realisierung‹ verschreibt, selbst als Bild des Realen erfaßt, und das Reale als Ähnlichkeit mit dem Möglichen. Darum wird so wenig begriffen, was die Existenz dem Begriff hinzufügt, insofern sie das Ähnliche um das Ähnliche verdoppelt. Dies ist der Makel des Möglichen, ein Makel, der es als nachträglich hervorgebracht, rückwirkend hergestellt denunziert, selbst nach dem Bild dessen gemacht, was ihm ähnelt. Dagegen vollzieht sich die Aktualisierung des Virtuellen stets über Differenz, Divergenz oder Differenzierung. Die Aktualisierung bricht mit der Ähnlichkeit als Prozeß ebenso wie mit der Identität als Prinzip.«[174]

Entgegen einer Realisierung des Möglichen als ähnliche Abbildung des Begriffs in der Existenz versteht Deleuze das Virtuelle [x] als ein Potenzial für Aktualisierungen, das unvorhersehbare Differenzen in sich birgt. Aus der Perspektive des Realen scheint es gerade unmöglich, dass es eine Möglichkeit gegeben hat (nicht hätte!), die ihm selbst nicht ähnlich gewesen wäre. Noch mehr als das Reale auf die Möglichkeiten scheint daher das Mögliche beschränkt auf die gegenwärtige Realität, das heißt als Mögliches beschränkt sowohl im Hinblick auf realistische Erwartungen an die Zukunft als auch auf reelle Voraussetzungen in der Vergangenheit. Im Prinzip und im Prozess bleibt das Mögliche dasselbe, was im Realen aus ihm wird: Das Mögliche ist im Realen mit einbegriffen.

x
Das Virtuelle
Das Virtuelle ist ein Potenzial zur Aktualisierung von unmöglichen Differenzen des Realen und als solches selbst gewissermaßen das reale-existierend Unmögliche.

Dagegen eröffnet sich mit dem Virtuellen eine neue Perspektive. Es erweist sich als Potenzial zu einer Aktualisierung, die gerade eine Differenz von Virtuellem und Aktuellem selbst zum Vorschein bringt:

x
Schöpfung
Nach Deleuze weniger ein Bruch mit dem Herkömmlichen als die unerwartete Entfaltung einer Differenz in ihm, die die Gesamtstruktur in Zukunft verändert.

»Die Aktualisierung, die Differenzierung ist in diesem Sinne stets eine wirkliche Schöpfung x . Sie entsteht nicht durch Beschränkung einer präexistenten Möglichkeit. [...] Sich aktualisieren bedeutet für ein Potential oder ein Virtuelles stets die Schaffung divergenter Linien, die ohne Ähnlichkeit der virtuellen Mannigfaltigkeit entsprechen. Das Virtuelle besitzt die Realität einer zu erfüllenden Aufgabe, nämlich eines zu lösenden Problems; das Problem ist es, das die Lösungen ausrichtet, bedingt, erzeugt, diese aber ähneln nicht den Bedingungen des Problems.«[175]

Es mag auf den ersten Blick verwundern, aber Deleuze assoziiert die Frage nach dem Virtuellen und dem Aktuellen nicht aus Zufall mit dem Verhältnis von Problem und Lösung. Bereits an früherer Stelle hatte er bemerkt:

x
Organismus
Der Begriff wurde erstmals von Georg Ernst Stahl (1659-1734) geprägt, um ihn dem cartesianischen Mechanismuskonzept entgegenzusetzen. Der Organismus (von altgr. »organon«, »Werkzeug«) bildet einen Verband von Organen aus, der als Ganzer mehr ist, als die Summe seiner Teile. Deleuze verweist jedoch darauf, dass auch der Organismus seinerseits nur ein weiteres »Werkzeug« eines weiteren Verbandes ist und so fort.

»Der Organismus x wäre nichts, wenn er nicht die Lösung eines Problems wäre, ebenso jeder seiner differenzierten Teile, wie etwa das Auge, das ein ›Licht-Problem‹ löst; aber nichts an ihm, kein Organ wäre differenziert ohne das innere Milieu, das mit einem allgemeinen Wirkungsvermögen oder einer integrierten Steuerungsmacht ausgestattet ist.«[176]

Man kann unter diesem »allgemeinen Wirkungsvermögen« das Potenzial des Virtuellen verstehen und wird so darauf aufmerksam, inwieweit jedes beliebige »Objekt einen seiner Teile im Virtuellen« hat und »darin wie in einer objektiven Dimension eingelassen« ist: Die aktuelle Hälfte des Objekts ist bereits die akute Lösung für ein virulentes Problem, sprich: die virtuelle Hälfte. Beide verhalten sich zu einander gleichsam wie Organe und Organismus; jedoch mit einer alles entscheidenden Differenz: Indem Deleuze auch den Organismus noch beim Wort nimmt, stellt dieser letztlich nicht eine Form substanzieller Identität dar, sondern lediglich ein weiteres Organ der Problemlösung, ein weiteres Werkzeug, eine Aktualisierung des Virtuellen – bloß auf einer nur vermeintlich höheren Ebene, auf einem anderen Plateau.

Von der Warte höherer Probleme betrachtet (zum Beispiel des Überlebens im Unterscheid zum »Licht-Problem«) ist auch der Organismus nur ein körperloses Organ. Auch er ist das Erzeugnis einer mannigfaltigen, an sich identitätslosen »Schöpfung«, die nach dem Prinzip der Differenz »divergente Linien« in ihrem virtuellen Chaos auszieht und so auf jedem neuen Problemniveau eine neue Lösungsplattform installiert, ein neues Organ ausbildet, eine neue Gestalt aus sich und in sich hervorbringt. Sogar das Chaos selbst »ist ein Vakuum, das kein Nichts, sondern ein Virtuelles ist, alle möglichen Partikel enthält und alle möglichen Formen zeichnet, die auftauchen, um sogleich zu verschwinden, ohne Konsistenz oder Referenz, ohne Folgen.«[177]

Virtual Reality

Kommen wir von hier aus nochmals auf die Frage zurück, in welchem Verhältnis unsere normale Kohlenstoff-Realität [x] zur Virtual Reality [x] steht, zeichnet sich das Bild einer reinen Immanenzbeziehung. Letztere transzendiert erstere mitnichten, indem sie etwa eine metaphysische Dimension eröffnete, sondern erweitert diese vielmehr in sich selbst. Die Virtual Reality bildet gewissermaßen eine organische Ausstülpung innerhalb der K-Realität, die ihrerseits jedoch nicht weniger eine organische Ausstülpung darstellt: Beide entstehen in demselben Milieu eines virtuellen Chaos und aktualisieren lediglich unterschiedliche Gestalten derselben durchgehenden Differenz virtuell / aktuell. Auch die Virtual Reality ist demnach zunächst nicht weniger eine Aktualisierung des Chaos als die K-Realität.

x
Kohlenstoff-Realität
Die Kohlenstoff-Realität (auch carbon reality) ist ein terminologischer Behelf, den Unterschied zwischen unserer kohlenstoffbasierten Alltagswelt und der virtuellen Realität zu markieren. Er erweist sich als zunehmend schwierig.

x
Virtual Reality
Mit Deleuze wäre treffender von einer »realen Virtualität« zu sprechen, die im Zuge potenter digitaler Technologien unsere Erfahrungswelt in sich selbst dermaßen erweitert, dass sie sie gleichsam von innen heraus zusehends überwuchert und geradezu umstülpt, was unsere Alltagsgestaltung betrifft.

Was durch die Virtual Reality im Unterschied zur K-Realität jedoch im Besonderen zum Vorschein kommt, ist gerade jene Differenz eines zunehmend auswuchernden Chaos gegenüber einer vermeintlich stabilen Ordnung der Realität. Streng genommen ist die Virtual Reality zwar selbst nur eine Aktualisierung jenes virtuellen Chaos; doch sie trägt ihren Namen dadurch nicht zu Unrecht, da sie es uns heute gewissermaßen ermöglicht, die Identitätsordnung möglich / real von dem Differenzchaos virtuell / aktuell leichter zu unterscheiden, das heißt diese Differenz von Identität und Differenz, wo wir sie einziehen, bildet selbst eine neue Auswucherung des virtuellen Chaos. Und genau diese Differenz wiederum gestattet es uns erst, das Konzept der Realität anders zu denken. Doch bloß zu denken?

Man unterschätzte die philosophische Tiefe von Deleuzes Einsichten, würde man unter »Denken« hier nur eine teilnahmslose Beobachtung verstehen. Vielmehr kann auch dieses Denken nicht umhin, sich innerhalb der Immanenz des schöpferischen Chaos zu begreifen. Auch das Denken ist Teil der Aktualisierung des Virtuellen. Doch welcher Teil genau?

»Entwirft nicht jeder große Philosoph letzten Endes eine neue Immanenzebene [...]? Tatsächlich stellen wir uns keinen großen Philosophen vor, von dem man nicht sagen müßte: Er hat verändert, was Denken heißt, er hat anders gedacht [...]. Umgekehrt sind es nicht Philosophen, sondern die Funktionäre, die das Bild des Denkens nicht erneuern und sich dieses Problems noch nicht einmal bewußt sind, befangen in der Seligkeit eines abgemachten Denkens, das auch noch die Mühe derer verkennt, die es als Vorbilder beansprucht. [...] Sind wir nicht zum Versuch verurteilt, unsere eigene Ebene zu entwerfen [...]? Bedeutet das nicht die Wiederherstellung des Chaos?«[178]

Es gibt unterschiedliche Formen des Denkens, doch gerade die Philosophie scheint sich (zum Beispiel gegenüber der Wissenschaft) dadurch auszuzeichnen, dass sie an einer »Wiederherstellung des Chaos« arbeitet. Sie ändert das Denken selbst, indem sie sich an den Saum des Virtuellen heftet und an das immanente Chaos rührt, um das Denken zu neuen Aktualisierungen zu reizen. Jeder große Philosoph, folgt man Deleuze, entwirft sich also bewusstermaßen eine eigene Immanenzebene als seinen eigenen Vorposten im Chaos. Mit anderen Worten bemüht er sich also um eine Virtualisierung des Aktuellen x . Er schöpft das virtuelle Potenzial von Problemen aus und zwar indem er Begriffe und damit das Denken selbst neu entwirft.

x
Virtualisierung des Aktuellen
Philosophie zielt auf die Wiederherstellung eines virtuellen Chaos, indem sie das aktuell Selbstverständliche mit unmöglichen Fragen in eine Krise potenzieller Probleme stürzt, die fortan virulent sind.

Zeichnet die Philosophie derart für eine bewusste Revirtualisierung des Aktuellen verantwortlich, stellt sich umgekehrt natürlich die Frage, was für diese speziell philosophischen Probleme die entsprechenden Lösungen bereithielte? Man ahnt es schon. Das Design ist genau jene zur Philosophie komplementäre Aktualisierung des Virtuellen x . Die andere Hälfte eines anderen Denkens: ein Gestalten, das bewusstermaßen von virtuellen, nicht bloß möglichen Problemen seinen Ausgang nimmt, um aktuelle Lösungen zu finden – und damit auch das Handeln auf neue, unvorhersehbare Weise begreifbar zu machen.

x
Aktualisierung des Virtuellen
Design zielt auf aktuelle Lösungen, die oft als unmöglich gelten, für potenzielle Probleme, die in der Realität meist übersehen werden.

Fazit

Mit Blick auf eine Lösung für unser designphilosophisches Hauptproblem der Überbrückung zwischen Idee und Erscheinung (beziehungsweise Konzept und Produkt) lässt sich also sagen: Der Brückenschlag von der Gestalt zum Gedanken geschieht durch eine gedankliche Virtualisierung einer aktuellen Gestalt. Wenn wir über ein Designprodukt philosophisch nachdenken, beschreiben wir nicht einfach, welche Möglichkeiten in ihm realisiert wurden, vielmehr erkunden wir, welche es gerade nicht wurden und gewinnen so mehr und mehr ein virtuelles Problembewusstsein für eine realisierte Lösung, die auch anders, womöglich besser hätte ausfallen können. Die philosophische Urteilskraft analysiert das bereits realisierte Produkt der Einbildungskraft vor unseren Augen bis zu dem Punkt, an dem diese wiederum zu einem neuen Gestaltungsakt gereizt wird, weil ihr aktualisierungswürdige Bilder vorschweben.

Dieser Punkt ist nun zugleich der Wendepunkt, an dem wiederum der Brückenschlag vom Gedanken zur Gestalt erfolgt: Mit dem neu erlangten Problembewusstsein machen wir uns ans Werk, um bald festzustellen, dass auch unsere Lösung sich nicht einfach umsetzen lässt, sondern erst noch am Produkt aktualisiert werden muss. Wir bilden unser Konzept also nicht schlicht in der Realität ab, sondern gewissermaßen im Akt der Gestaltung erst aus. Im Versuch, unserem vagen Gedankenschema eine konkrete Gestalt zu geben, stellen sich uns neue Lösungen und Ideen ein (Kant nannte sie ästhetische Ideen), von denen wir zuvor noch nicht einmal wussten, dass wir sie besitzen.

Streng genommen besaßen wir sie zuvor auch nicht, weil hier erst die Schöpfung der Differenz ins Spiel kommt: Unsere philosophische Urteilskraft ist auf ein virtuelles Chaos [x] gestoßen, aus dem unsere Einbildungskraft nun zu schöpfen vermag. Wie aus dem Nichts scheint sie neue Gestalten zu erschaffen; aus einem Nichts jedoch, das nur für die Identitäts-Ordnung möglich / real tatsächlich nichts zu sein scheint, während es gerade das chaotische Potenzial der Differenz bedeutet. Am Ende zeigt sich das Mögliche durch das Virtuelle noch überboten und die Realität auf unerwartete Weise aktualisiert.

x
Virtuelles Chaos
Das Wie-aus-dem-Nichts des Urknalls wiederholt sich in der Chaos-Ordnung unserer Fantasien und Gedanken. Das Wechselspiel unserer Einbildungs- und Urteilskraft auf der Schwelle vom Nichts zum Sein bildet jedes Mal aufs Neue einen Übergang von der chaotischen Ordnung des Virtuellen zum geordneten Chaos des Aktuellen – und wieder zurück.

Die virtuellen Probleme der Philosophie und die aktuellen Lösungen des Designs ergänzen sich demnach zu einer unerschöpflichen Wechselwirkung, die auch in der Wirklichkeit eben nicht ohne Wirkung bleiben konnte. Unsere hybride Realität legt Zeugnis davon ab. Dabei stellt die zunehmende Virtualisierung der Lebenswelt nicht nur ein philosophisches Problem dar, sondern ist, wie wir jetzt wissen, zugleich Ausdruck philosophischen Wesens, Ausdruck jener Virtualisierung des Aktuellen. Dieser »Wiederherstellung des Chaos« – in Form von frei zirkulierenden Informationen, wilden Sprachspielen, intelligenten Programmen etc. – entsprechen auf der anderen Seite gestalterische Lösungen, die aus dem Potenzial der Virtual Reality schöpfen. Sie aktualisieren Virtuelles ohne Unterlass.

Seit der Postmoderne ist klar, dass es kein Zurück mehr gibt hinter die Programmierung und Virtualisierung der Realität. Gerade das postmoderne Design sowie die postmoderne Philosophie, beide noch größtenteils beheimatet in der analogen Welt, haben diese digitale Überwucherung der Lebenswelt bereits vorausgeahnt und in kleinen Erzählungen vorweggenommen. Im Rückblick dämmert uns jedoch, dass wir bereits ein neues Zeitalter betreten haben, in dem sie noch viel weiter getrieben werden könnte.

Die Postmoderne war gewissermaßen selbst der Brückenschlag von virtuellen Problemen der Philosophietradition zu aktuellen Lösungen eines zukünftigen Designs. Das Aufkommen der Kultur- und Medienwissenschaften verdankt sich gerade einer inneren Abkehr der Philosophie von klassischen Metaphysiken und ihrer äußeren Wendung hin zu konkreteren Fragestellungen in allen Bereichen. Man könnte meinen, sie sei im Begriff zu einer umfassenden Designphilosophie zu werden – mit entscheidenden Konsequenzen für das Selbstverständnis beider Disziplinen.

Wie ein philosophisches Design der Zukunft aussehen könnte, ist heute schon in Ansätzen sichtbar. Die Möglichkeiten und Realitäten scheinen weiterhin menschenmachbar. Doch die wachsende Aktualität von Fragen künstlicher Intelligenz dezentralisiert unsere anthropozentrische Perspektive in dem Maß, in dem wir in die reale Virtualität vorstoßen. Bisweilen scheint es so, als ob das Chaos bereits neue Potenziale der Intelligenz aus sich hervortriebe, die der Mensch allein nicht mehr auszuschöpfen vermöchte. Werden wir also auch in Zukunft noch die Protagonisten unserer Geschichten sein? Oder stoßen wir in Sachen KI [x] auf den eigentlichen Grund für das Ende unserer großen Erzählungen? Wäre der Mensch etwa auf dem Weg, zum Statisten einer posthumanen Geschichte zu werden?

x
KI
Der Begriff der künstlichen oder artifiziellen Intelligenz wird in der gegenwärtigen Forschung entweder stark oder schwach aufgefasst: Geht es bei der starken KI um eine getreue Nachbildung der menschlichen Intelligenz, zielt die Entwicklung der schwachen KI auf Anwendungsprobleme, die sich mit intelligenten Strukturen lösen lassen. Voraussichtlich wird die KI die menschliche im starken Sinne nie erreichen, aber sie trotzdem auf dem Weg der schwachen bald überholt haben. Die vertikale, egozentrische Architektur unseres Bewusstseins ist nicht die einzige und wahrscheinlich auch nicht die höchste Form von Intelligenz, wie die Potenziale horizontaler und umfassender Netzwerke zeigen.

Alles hat ein Ende – nur die Philosophie hat eins und doch keins. Keine Disziplin ist so oft tot gesagt worden wie die Philosophie – allen voran von Philosophen. Ein buntes Überbieten, Überwinden, aber auch Übernehmen von Gedanken bildet ihre Geschichte bis heute. Jedem Philosophen geht es scheinbar ums Ganze oder um nichts, um den Aufbau von Neuem im Sturz von Altem. Kehrt einmal Ruhe ein, träumt man von Metaphysik und ruht allzu schnell in Ewigkeit. So ist kein Ende des Alten abzusehen und dennoch etwas Neues anzufangen. Die Frage lautet also: Was soll aktuell noch werden, wenn virtuell schon alles da ist? Die Antwort heißt: Design?

Spekulativer Realismus und Computational Design

»Es wird noch einige Jahrzehnte dauern, bis die künstliche Intelligenz den Horizont der biologischen überschreiten wird, doch es ist schlichtweg abergläubisch, sich vorzustellen, dass eine menschliche Vorherrschaft über die terrestrische Kultur noch für Jahrhunderte bestimmend sein wird, ganz zu schweigen von einer metaphysischen Ewigkeit. Der Königsweg zum Denken führt nicht mehr über eine Vertiefung menschlicher Kognition, sondern vielmehr über ihr Unmenschlich-Werden; über eine Migration der Kognition [...] in ›dehumanisierte Landschaften...entvölkerte Räume‹, wo die menschliche Kultur sich auflöst. Wie die kapitalistische Urbanisierung der Arbeit die Intelligenz bereits abstrakt werden ließ, parallel zur Eskalation technischer Maschinen, ebenso wird sie transplantiert werden in die surrenden Datenzonen neuer Softwarewelten, um von einer zunehmend obsoleten menschenähnlichen Eigenart zu abstrahieren und sich derart vorzuwagen in ein Jenseits der Modernität.«[179]

Man ist sich gegenwärtig bereits darüber einig, dass die informationstechnischen Entwicklungen der letzten Jahrzehnte einen entscheidenden Einschnitt bedeuten. Mag man Nick Lands düsteres Szenario im Stile der Terminator-Filme der 1990er-Jahre und der Matrix-Trilogie der Nullerjahre auch nicht teilen, so scheint dessen Zukunftsvision doch eine philosophische Frage zu provozieren, die heute mehr denn je in den Vordergrund drängt: Ist das Denken allein menschlicher Natur?

Eigentlich ist damit eine Frage aufgeworfen, die mindestens so alt ist wie die Philosophie selbst, erinnert man sich an Platons Ideenlehre oder andere Metaphysiken, deren Hauptzug darin bestand, im menschlichen Denken einen bisweilen göttlichen, stets jedoch transhumanen Ursprung ausfindig zu machen. Ähnlich verhält es sich freilich mit religiösen Vorstellungen einer schöpferischen Intelligenz, die heutzutage bis zu einem Intelligent Design der Kreationisten [x] reichen.

x
Intelligent Design der Kreationisten
Die Vorstellung, dass die Ordnung der Welt unverkennbar Züge eines intelligenten Designers trage, die nicht allein durch evolutionäre Abläufe zu erklären seien. Diese Auffassung geht auf den einen alten, so genannten kosmologischen Gottesbeweis zurück, der Gott selbst nicht einmal überzeugen würde ...

Doch was Lands Prognose ihren besonderen Anstrich verleiht, ist die Transplantation philosophischer Gottesvorstellungen in das Milieu informationstechnischer Organisationsformen. Könnte es sein, dass die philosophischen Jenseits-Konzepte vielmehr abseits des Menschen und seiner Zukunft bereits Realität oder genauer gesagt virtuelle Realität geworden sind? War der Mensch womöglich nur der Wirt eines weder menschlichen noch göttlichen Denkens, das sich nunmehr in Form virtueller Netzwerke erst zu seiner eigentlichen Gestalt auswächst? Und war die Philosophie als Denken des Virtuellen (und nicht bloß Möglichen) selbst vielleicht seit jeher gerade der Vorbote jener Virtualität des Denkens – jenseits oder abseits des Menschenmöglichen?

Gerade heute lässt sich wieder trefflich darüber streiten, wo bei diesen Fragen die Philosophie aufhört und die Sophistik anfängt. Doch eine letztgültige Antwort hierauf wird man wohl schuldig bleiben müssen. Schon Hegel hatte erkannt, dass die Philosophie allein im Nachhinein ihre Zeit in Gedanken erfasst – was nicht weniger auch für sie selbst gilt. Was die Philosophie ist, zeigt sich erst daran, was sie einmal gewesen sein wird für eine bereits vergangene Gegenwart aus der Perspektive einer zuvor noch unfasslichen Zukunft. Erst in der Zukunft erwartet sie das Verständnis ihrer Vergangenheit, wohingegen deren Gegenwart mit dem Voranschreiten unserer Gegenwart stets eine andere wird. Diese gegenwärtig sich wandelnde Perspektive auf die Vergangenheit sichert der Philosophie paradoxerweise gerade ihre Zukunft.

Wie es die geschichtliche Schwerpunktverlagerung von metaphysisch-ewigen hin zu weltlich-zeitlichen Fragestellungen mit sich bringt, kommt der Philosophie heute die Aufgabe zu, ihre Gegenwart zu sichten, um ausgehend von ihrer Vergangenheit Perspektiven für die Zukunft zu gewinnen: Indem sie den Status quo bis auf den Grund seiner Weltanschauungen hinterfragt, legt sie erst das Fundament frei für alternative Denkansätze.

Mit anderen Worten eröffnet erst das kritische Fragen der Philosophie neue Horizonte für Lösungen und Probleme, die ohne sie nicht einmal in den Blick gekommen wären. So scheint man gerade in allgemeinen Zukunftsfragen heute nicht mehr ohne ein gerüttelt Maß an Spekulation auszukommen, denkt man etwa an ein kritisches Speculative Design x , die Science Faction x rund um das Silicon Valley oder die jüngsten Tendenzen der Philosophie.

Ein paradox anmutender »Spekulativer Realismus«[180] (so eine Selbsttitulierung dieser Tendenz) sieht eine Zukunft des Menschen nur noch jenseits der idealistischen, weltkonstituierenden Korrelation von Subjekt und Objekt, wie sie seit Kant für die Moderne und auch noch für die Postmoderne maßgebend schien. Der »Neue Realismus«[181] (so eine andere) besteht nun darin, der Spekulation den ihr angestammten Platz im Denken zurückzugeben, indem man das subjektive Denken einerseits dehumanisiert und andererseits den Objekten ein in diesem Denken manifeste Realität zubilligt – gleichsam abseits einer allzu menschlichen Vorstellungswelt. Mit anderen Worten geht es um ein »Denken der Dinge«, das sich als doppelter Genitiv erweist: Die Dinge sollen ein Eigenleben besitzen, mit dem wir im Internet of Everything x bereits alltäglichen Umgang pflegen.

Dass es sich selbst bei einer quasi belebten Materie nicht um philosophische Konfabulationen, sondern um tatsächliche, realistische Spekulationen handelt, lässt sich wiederum an einer komplementären Entwicklung im Design nachvollziehen, die sich die Algorithmisierbarkeit von Materialien zu eigen macht:

»Die manifeste Form – jene die erscheint – ist das Resultat einer berechenbaren Interaktion zwischen internen Regeln und einem externen (morphogenetischen) Anpassungsdruck, der seinerseits durch angrenzende Formen entsteht (Ökologie). Die (vor-konkreten) internen Regeln umfassen in ihrer Aktivität eine eingebettete Form, die heute leicht verstanden und beschrieben wird mit dem Ausdruck Algorithmus.«[182]

x
Speculative Design
Neuerdings in einem eigenen Studiengang an der University of California, San Diego vertreten durch Bejamin H. Bratton: »Auf andere Weisen und in anderen Maßstäben zu denken und zu designen, ist nicht theoretisch vertretbar; es ist heute eine Notwendigkeit. [...] Ein Design, das den Möglichkeiten des Realen entspricht, keine Realität, die auf das Verträgliche heruntergetaktet wird.« Benjamin H. Braxton, *Zum Spekulativen Design*, in: *Der Zeitkomplex / Postcontemporary*, hrsg. von Armen Avanessian / Suhail Malik, Berlin 2016, S. 119.

x
Science Faction
Bezeichnung für wissenschaftliche Entdeckungen oder Erfindungen, die gewöhnlich für derart unglaublich gehalten werden, dass man sie mit Science Fiction verwechselt oder die umgekehrt durch ehemalige Science Fiction Szenarien inspiriert wurden.

x
Internet of Everything
Diese Wortprägung geht auf das US-amerikanische Telekommunikationsunternehmen Cisco Systems zurück. Erste Ansätze hierzu bilden beispielsweise die Konzepte der Industrie 4.0 oder der Smart Cities.

Das sogenannte Computational Design [x] [183] unterscheidet sich dabei von klassischen CAD-Verfahren, indem es bestimmte Materialien gleichsam von selbst eine Morphogenese im virtuellen Raum durchlaufen lässt, um im Nachhinein lediglich geglückte Formvarianten zu selektieren, anstatt sie Stück für Stück selbst zu konstruieren.

x
Computational Design
Das Computational Design implementiert Rechenmethoden, um die Wechselwirkungen von Form und Material, Struktur und Umwelt sowohl optimal auszunutzen als auch aktiv weiterzuentwickeln.

»Designprozesse [dieser Art; Anm. Verf.] bestehen aus zwei Momenten: ihrer Funktionsweise (wie sie funktionieren) und ihren Materialgegebenheiten (woraus sie bestehen) [...]; das eine Moment beschreibt die Parameter der Materialität, während das andere die Einflüsse beschreibt, die diese Materialgegebenheiten dazu anregen, sich in bestimmter Weise anzuordnen. Dabei gibt es kein Moment der Berechnung, das einzeln und explizit die resultierenden Bedingungen beschriebe. Dies geschieht allein im Ausführungsprozess als einem Ganzen.«[184]

Der Designer nimmt gleichsam die Rolle eines Züchters von Mikropopulationen in (virtuellen) Petrischalen ein, die er durch verschiedene Parameter von außen manipuliert und erst im Resultat entweder gut heißen oder verwerfen mag. So macht sich auch das Design die Virtualität der Materie zu eigen, um durch unerwartete Aktualisierungen von Formen und Funktionen neue Realitäten zu generieren.

Ausblick

Gegenwärtig finden Philosophie und Design also in einer Weise zusammen, dass man besagtes Computational Design buchstäblich als einen spekulativen Realismus in der Praxis bezeichnen könnte. Philosophische Antworten bleiben zwar notgedrungen spekulativ, weil ihre Fragen virtueller Natur sind, mithin lediglich einen allgemeinen Problemhorizont eröffnen. Doch wie das Potenzial des Computational Design eindrücklich vor Augen führt, muss dies nicht bedeuten, dass sie zur Wirkungslosigkeit verdammt wären. Vielmehr lassen sie sich gerade durch das Design aktualisieren.

So hängt die Aktualität philosophischer Fragen und Antworten spätestens seit der industriellen Moderne im Wesentlichen auch vom umfassenden Design ihrer Gegenwart ab. Tagtäglich ergeben sich uns nicht nur neue Möglichkeiten, sondern vor allem Probleme, wie sich unsere Gegenwart auf eine Weise gestalten ließe, dass uns überhaupt noch eine Zukunft beschieden ist. Denn nicht wenige vergangene Lösungen des Designs entpuppen sich heute als hausgemachte Probleme, die nach nachhaltigeren Lösungen verlangen.

Diese verhängnisvolle Dialektik von gestalterischen Lösungen und Problemen stellt nun ihrerseits ein wesentliches Problem der Moderne dar, dem solange nicht abzuhelfen ist, wie es nicht zugleich als ein philosophisches begriffen wird: Die Folgeerscheinungen einer seit knapp zweihundert Jahren beschleunigten Techno(r)evolution stellen den Menschen nicht mehr allein existenziell, sondern gleichermaßen konzeptuell infrage.

»Wir sind daran gewöhnt, im Design ein *Mittel* zu erblicken, um vordefinierte *Zwecke* herbeizuführen. Aber Mittel haben ihre eigene Logik, angezeigt durch ihr Vermögen, eine *Flucht vor der Gegenwart* zu bewirken, Hebelpunkte in der Umwelt auszumachen und auszunutzen, um die Zukunft aufzubrechen und dabei den Agenten, der die Flucht bewirkt, selbst umzugestalten.«[185]

Im Zuge dessen reicht es nicht mehr bloß aus, zu fragen, was der Mensch will; angesichts der Nano-, Gen- und Biotechnologien brauchen wir vielmehr eine Antwort darauf, was wir noch mit dem klassischen Menschenbild des Humanismus bezwecken wollen.[186] Wir befinden uns auf einer Flucht nach vorne, bei der noch nicht klar ist, ob wir unser Menschsein, wie wir es seit Jahrtausenden in Treu und Glauben gelebt haben, nicht zuletzt zurücklassen müssen.

Ob es dabei um Fragen der Pränataldiagnostik oder einer künstlichen Unsterblichkeit geht, verhandelt wird weniger die Reichweite technologiegestützter Bedürfnisbefriedigung, als die Bedeutung von Geburt und Tod für das menschliche Leben. Heute stellen sich uns philosophische Fragen also nicht nur, sondern mit jedem Tag werfen wir selbst neue auf; ja wir entwerfen sie regelrecht im Laufe unserer technologischen Streifzüge ins Ungewisse. Man könnte sagen: Wir designen sie bereits – bewusst oder unbewusst.

So scheint eine der aktuellsten philosophischen Fragen diejenige nach der Zukunft des Menschen im sogenannten Anthropozän ˣ zu sein.[187] Dabei stehen sich streng genommen zwei designphilosophische Positionen gegenüber, die man im Groben als eine neohumanistische ˣ und eine transhumanistische ˣ beschreiben kann. Während letztere das Heil unserer Spezies gerade in einem Jenseits des klassischen Menschenbildes sucht, so etwa in Vorstellungen von Cyborgs oder einem Upload des Geistes,[188] bemühen sich Anhänger der ersteren darum, den Status des Menschlichen zu erhalten und nur behutsam anzupassen, soweit es die Umstände eben erlauben beziehungsweise fordern.[189] Im einen Fall soll sich der Mensch nach der Technik und im anderen die Technik nach dem Menschen richten, auch wenn darüber die herkömmlichen Vorstellungen von Mensch oder Technik aufgegeben werden müssten.

x
Anthropozän
Soll eine neue Erdepoche beschreiben, in welcher der Mensch zum bestimmenden Faktor für die Ökologie des Globus geworden ist.

x
Neohumanismus
Die Wiederentdeckung der Unschuld, nachdem man schon in den Apfel gebissen hat. Mit der Berufung auf den Menschen als Maß aller Dinge verkennt dieser Anthropozentrismus seine Rücksichtslosigkeit gegenüber anderen Spezies und die eigene Historizität in der Voraussicht.

x
Transhumanismus
Fortführung der Metaphysik mit technischen Mittel, indem er den urmenschlichen Traum der Selbstüberwindung lediglich auf neuere Technologien projiziert.

Doch egal, ob man etwa das Smartphone als Triumph einer neohumanistischen Benutzerführung oder umgekehrt als ersten Schritt zu einer hybriden Verschmelzung von Mensch und Maschine versteht, beide Positionen teilen bereits eine posthumanistische Grundannahme [x]. Die Anthropozentrik der Moderne ist Vorstellungen eines allumfassenden Netzwerks gewichen, das Artefakten im Umgang mit Menschen ein Eigenleben zubilligt: Sie sollen nicht mehr nur als Mittel, sondern auch als Selbstzweck zu behandeln sein. Der klassische Humanismus als Erbe göttlicher Souveränität und Herrschaft über die Natur- und Dingwelt ist dabei, sich im Stillen zu verabschieden.

x
Posthumanismus
Der Posthumanismus versteht sich als Kritik sowohl an den klassischen Konzepten des Humanismus als auch dem eschatologischen Glauben des Transhumanismus.

Stattdessen illustrieren die Diskussionen um Fragen der KI nur am deutlichsten, dass neben klassischen Philosophiekonzeptionen der Andersheit (wie Gott, Natur oder Ähnliches) unerwartet noch etwas anderes in unser Leben getreten sein könnte. Gelte es heute wieder in kritisch-kantischer Manier eine Grenze zu ziehen zwischen einem metaphysischen Wunschdenken und dem Realitätsprinzip unserer beschränkten Existenz, würde diese wohl irgendwo im Gebiet zwischen einer vergöttlichten KI und einem absolut Anderen verlaufen, von dem wir schlichtweg (noch) keine Ahnung haben, vorausgesetzt, dass es überhaupt etwas zu ahnen gibt. Auch wenn wir uns in diesem anderen Anderen gerne wie ein Ego in einem Alter wiedererkennen würden, liegt womöglich genau in diesem spekulativen Narzissmus eine für unsere menschliche Zukunft wesentliche Täuschung.

Einerseits scheint die Technologie uns gegenüber ein immer humaneres Gesicht herauszukehren: ein neohumanistischer Zug des Designs gestattet uns, auf immer natürlichere Weise noch mit den komplexesten Programmen zu kommunizieren. Gerade im Fall einer realen Virtualität scheint die Einbildungskraft des Designers kaum freier und kreativer sein zu können. Andererseits aber sind es gerade jene Programme in Form von Algorithmen, die unser Fassungsvermögen übersteigen und uns daher gleichzeitig nicht fremder sein könnten: Ein transhumanistischer Zug der Philosophie kommt hier erneut zur Geltung, der uns umgekehrt verbietet, einer menschlichen, allzu menschlichen Verblendung zu erliegen und die Entwicklungen der Zukunft über die Konsumfreuden der Gegenwart aus den Augen zu verlieren. Denn auch hier eröffnet die Frage nach der realen Virtualität Potenziale, die aus anthropozentrischer Perspektive zunächst unmöglich scheinen müssten, würden sie sich nicht schon in unserem Alltag aktualisiert haben.

Beides miteinander immer wieder in Balance zu bringen, eine transhumanistische Virtualität der Philosophie mit einer neohumanistischen Aktualität des Designs, scheint die zukünftige Aufgabe philosophischer Urteilskraft und gestalterischer Einbildungskraft. Design ist unsere eigene, philosophische Frage in Gestalt und damit auch eine gesellschaftliche Herausforderung. Versteht man Philosophie und Design als wechselseitige Ergänzungen, lässt sich bald womöglich nicht mehr nur darüber spekulieren, wie sich alternativen Gedanken eine Gestalt geben ließe. Man wird es dann einfach tun – wenngleich nicht kopflos. Der heimische 3D-Drucker braucht mehr Grips als Granulat.

Zuletzt stelle man sich also eine zukünftige Welt heller Köpfe und geschickter Hände vor – Menschen mit philosophisch geschärfter Urteilskraft sowie gestalterisch geschulter Einbildungskraft – und beurteile ihr Potenzial. Sie wäre wohl nicht die schlechteste aller möglichen, aber mit Sicherheit die beste aller virtuellen. Vor allem: Sie hat in Ihren Gedanken soeben schon begonnen, Gestalt anzunehmen.

Endnoten

Die klassische Metaphysik Platons und Aristoteles

1
So wird es einem der berühmtesten Sophisten Protagoras von Aristoteles in seiner **Rhetorik** nachgesagt.

2
Nach zwei weiteren, dem Sonnen- und Liniengleichnis, findet es sich am Anfang des siebten Buches der **Politeia** (514a–541b).

3
Den Ablauf von der Verteidigung des Sokrates bis zu seiner Hinrichtung hat Platon in drei wichtigen Dialogen verarbeitet: in der **Apologie**, dem **Kriton** und dem **Phaidon**, der von Sokrates Tod und der Unsterblichkeit der Seele handelt.

4
Vgl. ausführlicher Thomas A. Szlezák, **Platon lesen**, Stuttgart / Bad Canstatt 1993, und Michael Erler, **Platon**, München 2006.

5
Andreas Graeser, **Platons Ideenlehre. Sprache, Logik und Metaphysik. Eine Einführung**, Bern 1975.

6
Platon, **Timaios** 27d–28b. Zit. nach Platon, **Werke in acht Bänden**, hrsg. von Gunther Eigler, Darmstadt 1977 und nach dem griechischen Original partiell korrigiert.

7
Diese klassische Bestimmung des Wissensbegriffs findet sich im **Theaitetos** (202c). Vgl. Wolfgang Wieland, **Platon und die Formen des Wissens**, Göttingen 1985.

8
Platon, **Timaios**, 49a–50c.

9
Ebd., 53a.

10
Ebd., 49c.

11
Ebd., 52b.

12
Ebd., 51a.

13
Ebd., 52b.

14
Aristoteles, **Nikomachische Ethik**, 1097a. Zit. nach Aristoteles, **Nikomachische Ethik**, übers. v. Franz Dirlmeier, Stuttgart 1969.

15
Vgl. ebd., 1096a, wo diese lateinische Paraphrase herstammt.

16
Hierzu vgl. Hans Krämer, **Arete bei Platon und Aristoteles. Zum Wesen und zur Geschichte der platonischen Ontologie**, Heidelberg 1959.

17
Aristoteles (wie Anm. 14), 1094a.

18
Vgl. ausführlich Dirk Cürsgen, **Phänomenologie der Poiesis**, Würzburg 2012.

19
Aristoteles (wie Anm. 14), 1140a.

20
Vgl. Max Horkheimer, **Zur Kritik der instrumentellen Vernunft**, Frankfurt / M. 1967.

21
Aristoteles (wie Anm. 14), 1094a.

22
Ebd., 1094a.

23
Ebd., 1094a–b.

24
Ebd., 1098a f.

25
Zur aristotelischen Haltung gegenüber der Sklaverei siehe seine **Politik**, 1252a ff.

26
Aristoteles (wie Anm. 14), 1098a.

27
Vgl. Simon Varga, **Vom erstrebenswertesten Leben. Aristoteles' Philosophie der Muße**, Boston / Berlin 2014.

28
Aristoteles (wie Anm. 14), 1177b.

29
Vgl. Aristoteles, **Metaphysik**, 1074b.

30
Aristoteles (wie Anm. 14), 1178b.

31
Zur Situation der Arbeit in der Gegenwart vgl. Dirk Baecker (Hrsg.), **Archäologie der Arbeit**, Berlin 2002.

32
Vgl. Alain Ehrenberg, **Das erschöpfte Selbst. Depression und Gesellschaft in der Gegenwart**, Berlin 2008.

Die hellenistischen Philosophieschulen

33
Vgl. hierzu Christoph Horn, **Antike Lebenskunst. Glück und Moral von Sokrates bis zu den Neuplatonikern**, München 1996.

34
Vgl. Malte Hossenfelder, **Antike Glückslehren. Kynismus und Kyrenaismus. Stoa, Epikureismus und Skepsis. Quellen in deutscher Übersetzung mit Einführungen**, Stuttgart 1996.

35
Überliefert bei Diogenes Laertios, **Leben und Lehre der Philosophen**, Stuttgart 1998, VI, S. 37 f.

36
Ebd.

37
So die nahezu einhellige Meinung der philosophischen Anthropologie. Vgl. Gerald Hartung, **Philosophische Anthropologie**, Stuttgart 2008.

38
Vgl. ausführlich Katharina Held, **Hēdonē und Ataraxia bei Epikur**, Paderborn 2007.

39
Epikur, **Lehrbrief an Menoikeus**, in: Wolfgang Wieland, **Geschichte der Philosophie in Text und Darstellung**, Bd. I, **Antike**, Stuttgart 1978, S. 323.

40
Ebd. S. 321.

41
Vgl. hierzu Max Pohlenz, **Die Stoa. Geschichte einer geistigen Bewegung**, Göttingen 1992⁷.

42
Epiktet, **Lehrgespräche**, in: Epiktet, **Was von ihm erhalten ist nach den Aufzeichnungen Arrians**, Heidelberg 1926, S. 23.

43
Ebd, S. 23 f.

44
Ebd., S. 25.

45
Zit. nach Rainer Nickel (Hrsg. und übers.), **Stoa und Stoiker**, Düsseldorf 2008, Bd. 1, S. 541 ff.

46
Vgl. Markus Gabriel, **Skeptizismus und Idealismus in der Antike**, Berlin 2009, und zur allgemeinen Thematik ders., **Antike und moderne Skepsis zur Einführung**, Hamburg 2008.

47
Sextus Empiricus, **Grundriß der pyrrhonischen Skepsis**, Frankfurt / M. 1985, S. 95 f.

48
Ebd., S. 100.

49
Ebd., S. 99.

Descartes Rationalismus und Humes Empirismus

50
Zur ganzen Bandbreite von Descartes Denken vgl. die gelungene Einführung von Dominik Perler, **René Descartes**, München 1998.

51
René Descartes, **Meditationes de Prima Philosophia / Meditationen über die Erste Philosophie**, übers. und hrsg. von Gerhart Schmidt, Stuttgart 1986, S. 63 ff.

52
Ebd., S. 79.

53
Vgl. Rainer Schäfer, **Zweifel und Sein. Der Ursprung des modernen Selbstbewusstseins in Descartes' cogito**, Würzburg 2006.

54
Descartes (wie Anm. 51), S. 81 ff.

55
Ebd., S. 93 ff.

56
Ebd., S. 95.

57
Ebd., S. 177.

58
Ebd., S. 179 ff.

59
David Hume, **Eine Untersuchung über den menschlichen Verstand**, Berlin 2007, S. 187 f.

60
Dabei handelt es sich um eine Formel, die sich bereits bei Cicero findet, jedoch von Locke in dessen **Versuch über den menschlichen Verstand** von 1690 erstmals systematisch ausgeschöpft wurde. Vgl. Roger S. Woolhouse, **The Empiricists**, Oxford 1988.

61
Hume (wie Anm. 59), S. 50.

62
Ebd., S. 67 f.

63
Ebd., S. 71.

64
Ebd., S. 71.

65
Ebd., S. 72 f.

66
Ebd., S. 72.

67
Ebd., S. 201 f.

68
Ebd., S. 78.

69
Siehe hierzu ausführlich Sophia Rosenfeld, **Common Sense**, Harvard 2011.

Kants Transzendentalphilosophie

70
Dementsprechend füllt die Forschungsliteratur zu Kant mittlerweile ganze Bibliotheken. Eine akzeptable Einführung gibt Otfried Höffe, **Immanuel Kant**, München 2007.

71
Vgl. Immanuel Kant, **Prolegomena zu einer jeden künftigen Metaphysik, die als Wissenschaft wir auftreten können**, Stuttgart 1989, S. 11: »Ich gestehe frei: die Erinnerung des David Hume war eben dasjenige, was mir vor vielen Jahren zuerst den dogmatischen Schlummer unterbrach, und meinen Untersuchungen im Felde der spekulativen Philosophie eine ganz andere Richtung gab.«

72
Vgl. Immanuel Kant, **Kritik der reinen Vernunft**, A 15, B 30. Zit. nach Immanuel Kant, **Werke in zwölf Bänden**, hrsg. von Wilhelm Weischedel, Darmstadt 1964. Ausführlicher zur Wurzelthese Matthias Wunsch, **Einbildungskraft und Erfahrung bei Kant**, Berlin 2007.

73
Kant (wie Anm. 72), A 140, B 179 f.

74
Immanuel Kant, **Kritik der Urteilskraft**, A XXIIIf., B XXVIf. Zit. nach Immanuel Kant, **Werke in zwölf Bänden**, hrsg. von Wilhelm Weischedel, Darmstadt, 1964.

75
Ebd., B 48 F.

76
Vgl. Vilém Flusser, **Lob der Oberflächlichkeit. Für eine Phänomenologie der Medien**, Bensheim 1993, S. 153: »›Techno-Imagination‹ soll nun die Fähigkeit genannt werden, durch Apparate erzeugte Bilder (›Technobilder‹) zu verschlüsseln und zu entziffern. [Dem] liegt die Hypothese zugrunde, daß sich diese Fähigkeit von der traditionellen Imagination radikal unterscheidet.«

Hegels Idealismus und Marx Materialismus

77
Vgl. den ersten Satz in Karl Marx / Friedrich Engels, **Manifest der Kommunistischen Partei**, Stuttgart 1969, S. 19: »Ein Gespenst geht um in Europa – das Gespenst des Kommunismus.«

78
Georg W. F. Hegel, **Die Grundlinien der Philosophie des Rechts oder Naturrecht und Staatswissenschaft im Grundrisse**, in: Georg Wilhelm Friedrich Hegel, **Werke**, Bd. 7, hrsg. von Eva Moldenhauer / Karl Markus Michel, Frankfurt / M. 1970, S. 24.

79
Einen ausführlichen, kompetenten Kommentar liefert Klaus Vieweg **Das Denken der Freiheit. Hegels Grundlinien der Philosophie des Rechts**, München / Paderborn 2012. Zu Hegel allgemein: Hans Friedrich Fulda, **G. W. F. Hegel**, München 2003.

80
Hegel (wie Anm. 78), S. 26.

81
Ebd., S. 28.

82
Ebd., S. 27.

83
Ebd., S. 25.

84
Ebd., S. 351.

85
Ebd., S. 352.

86
Ebd., S. 352 f.

87
Karl Marx, **Grundrisse zur Kritik der politischen Ökonomie**, in: Karl Marx / Friedrich Engels, **Werke**, Bd. 42, Berlin 1983, S. 592 f.

88
Marx / Engels (wie Anm. 87), S. 601.

89
Johann Wolfgang von Goethe, **Der Zauberlehrling**, in: **Musen-Almanach für das Jahr 1798**, hrsg. von Friedrich Schiller, Tübingen 1797, S. 37.

90
Marx / Engels (wie Anm. 87) S. 602.

91
Karl Marx, **Zur Kritik der politischen Ökonomie**, in: Karl Marx / Friedrich Engels, **Werke**, Bd. 13, Berlin 1972, S. 8: »In der gesellschaftlichen Produktion ihres Lebens gehen die Menschen bestimmte, notwendige, von ihrem Willen unabhängige Verhältnisse ein, Produktionsverhältnisse, die einer bestimmten Entwicklungsstufe ihrer materiellen Produktivkräfte entsprechen. Die Gesamtheit dieser Produktionsverhältnisse bildet die ökonomische Struktur der Gesellschaft, die reale Basis, worauf sich ein juristischer und politischer Überbau erhebt und welcher bestimmte gesellschaftliche Bewusstseinsformen entsprechen.«

92
Marx, **Thesen über Feuerbach**, in: Karl Marx / Friedrich Engels, **Werke**, Bd. 3, Berlin 1978, S. 7.

93
Marx (wie Anm. 91), S. 9.

94
Karl Marx, **Das Kapital**, Bd. I, in: Karl Marx / Friedrich Engels, **Werke**, Bd. 23, Berlin 1968, S. 85.

95
Ebd., S. 86.

96
Ebd., S. 67, Fußnote 18.

97
Fritz Walter Haug, **Kritik der Warenästhetik. Gefolgt von Warenästhetik im High-Tech-Kapitalismus**, Frankfurt / M. 2009. Der Begriff der Warenästhetik ›bezeichnet eine aus der Warenform der Produkte entsprungenen, vom Tauschwert her funktionell bestimmten Komplex dinglicher Erscheinungen und davon bedingter sinnlicher Subjekt-Objekt-Beziehungen. Die Analyse dieser Beziehungen eröffnet einen Zugang zur subjektiven Seite in der politischen Ökonomie des Kapitalismus, soweit das Subjektive zugleich Resultat und Voraussetzung ihres Funktionierens darstellt.« Ebd., S. 22.

98
Ebd., S. 29.

99
Ebd., S. 29 f.

Wittgensteins Logischer Positivismus und Heideggers Fundamentalontologie

100
Vgl. Ute Ackermann (Hrsg.), **Streit ums Bauhaus**, Jena 2009.

101
Zum Verhältnis beider vgl. Thomas Rentsch, **Heidegger und Wittgenstein. Existential- und Sprachanalysen zu den Grundlagen philosophischer Anthropologie**, Stuttgart 2003.

102
Wie weit Wittgenstein die sprachanalytische Philosophie beeinflusst hat, zeigt Peter M. Hacker, **Wittgenstein im Kontext der analytischen Philosophie**, Frankfurt / M. 1997. Eine Einführung gibt Joachim Schulte, **Wittgenstein. Eine Einführung**, Stuttgart 2001.

103
Ludwig Wittgenstein, **Tractatus logico-philosophicus**, in: Ludwig Wittgenstein, **Werkausgabe**, Bd. 1, hrsg. von Joachim Schulte, Frankfurt / M. 1984, S. 9.

104
Vgl. ebd., S. 85: »6.522 Es gibt allerdings Unaussprechliches. Dies *zeigt* sich, es ist das Mystische. [...] 7 Wovon man nicht sprechen kann, darüber muss man schweigen.«

105
Ebd., S. 38 f.

106
Ebd., S. 11.

107
Ebd., S. 14.

108
Ebd., S. 48.

109
Ebd., S. 14 f.

110
Ebd., S. 15.

111
Ebd., S. 16 f.

112
Ebd., S. 17.

113
Ebd., S. 74.

114
Ebd., S. 32.

115
Ebd., S. 85.

116
Ebd.

117
Für einen Gesamtüberblick bezüglich Heidegger siehe Günther Figal, **Martin Heidegger zur Einführung**, Hamburg 2011. Äußerst instruktiv Dieter Thomä (Hrsg.), **Heidegger-Handbuch. Leben – Werk – Wirkung**, Stuttgart 2003.

118
Martin Heidegger, **Sein und Zeit**, Tübingen 1967, S. 12.

119
Vgl. Bruno Latour, **Ein vorsichtiger Prometheus? Einige Schritte hin zu einer Philosophie des Designs, unter besonderer Berücksichtigung von Peter Sloterdijk**, in: Marc Jongen / Sjoerd van Tuinen / Karen Hemelsoet (Hrsg.), **Die Vermessung des Ungeheuren. Philosophie nach Peter Sloterdijk**, München 2009, S. 356–373.

120
Heidegger (wie Anm. 118), S. 69.

121
Ebd., S. 68 f.: »Zeug ist seiner Zeughaftigkeit entsprechend immer aus der Zugehörigkeit zu anderem Zeug: Schreibzeug, Feder, Tinte, Papier, Unterlage, Tisch, Lampe, Möbel, Fenster, Türen, Zimmer.«

122
Ebd., S. 73 ff.

123
Ebd., S. 126 ff., bes. S. 128 f.: »Jeder ist der Andere und Keiner er selbst. Das *Man*, mit dem sich die Frage nach dem *Wer* des alltäglichen Daseins beantwortet, ist das *Niemand*, dem alles Dasein im Untereinandersein sich je schon ausgeliefert hat. [...] Das Selbst des alltäglichen Daseins ist das *Man-selbst*, das wir von dem *eigentlichen*, das heißt eigens ergriffenen *Selbst* unterscheiden.«

124
Vgl. einen der letzten Texte Martin Heideggers, **Das Ende der Philosophie und die Aufgabe des Denkens**, in: Martin Heidegger, **Zur Sache des Denkens**, Tübingen 1969, S. 61–80.

Benses existenzieller Rationalismus und Adornos kritische Theorie

125
Tomás Maldonado / Gui Bonsiepe, **Wissenschaft und Gestaltung**, in **ulm. Zeitschrift der Hochschule für Gestaltung**, 10/11, Ulm 1964, S. 10–29, bes. S. 10: »Den Ruf, die Hochburg der Methodolaterie zu sein, hat die HfG wahrlich verdient. Ein wichtiges Merkmal ihres Programms äußert sich in dem Nachdruck, der auf die Verwertung wissenschaftlicher Kenntnisse und Verfahren bei der Entwurfsarbeit gelegt wird.«

126
Einschlägige Texte Benses, Forschungsbeiträge und Gespräche liefern Barbara Büscher / Hans-Christian von Herrmann / Christoph Hoffmann (Hrsg.), **Ästhetik als Programm. Max Bense. Daten und Streuungen**, Berlin 2004.

127
Max Bense, **Kybernetik oder Die Metatechnik einer Maschine**, in: Max Bense, **Ausgewählte Schriften**, Bd. 2, **Philosophie der Mathematik, Naturwissenschaft und Technik**, hrsg. von Elisabeth Walther, Stuttgart 1998, S. 431–446, hier S. 431.

128
Ebd., S. 431.

129
Ebd., S. 436.

130
Ebd., S. 436.

131
Ebd., S. 436.

132
Ebd., S. 433.

133
Ebd., S. 446.

134
Ebd., S. 433 ff.

135
Max Bense, **Aestetica. Einführung in die neue Aesthetik**, Baden-Baden 1965, S. 317.

136
Ebd., S. 10.

137
Ebd., S. 334 f.

138
Ebd., S. 338.

139
Theodor W. Adorno / Max Horkheimer, **Dialektik der Aufklärung. Philosophische Fragmente**, Frankfurt / M. 2004, S. 34.

140
Max Bense, **Descartes und die Folgen**, in: Max Bense, **Ausgewählte Schriften**, Bd. 1, **Philosophie**, hrsg. von Elisabeth Walther, Stuttgart 1997, S. 271–315, hier S. 275: »Es ist für mich nie eine Neuigkeit gewesen, daß diese Welt nicht die beste der möglichen ist. Ich meine, diese Auffassung kennzeichnet den relativen Optimisten [...].«

141
Zur kritischen Theorie allgemein vgl. Gerhard Schweppenhäuser, **Kritische Theorie**, Stuttgart 2010. Speziell zu Adorno ders., **Theodor W. Adorno zur Einführung**, Hamburg 2009.

142
Vgl. Adorno / Horkheimer (wie Anm. 139), S. 36, zur instrumentellen Vernunft: »Sie dient als allgemeines Werkzeug, das zur Verfertigung aller anderen Werkzeuge taugt, starr zweckgerichtet, verhängnisvoll wie das genau berechnete Hantieren in der materiellen Produktion.«

143
Zur Dialektik von Mythos und Aufklärung siehe Jürgen Habermas, **Die Verschlingung von Mythos und Aufklärung. Horkheimer und Adorno**, in: **Der Philosophische Diskurs der Moderne. Zwölf Vorlesungen**, Frankfurt / M. 2007.

144
Adorno / Horkheimer (wie Anm. 139), S. 31.

145
Ebd., S. 129.

146
Ebd., S. 132 f.

147
Theodor W. Adorno, **Funktionalismus heute**, in: **Gestaltung denken. Grundlagentexte zu Design und Architektur**, hrsg. von Klaus Thomas Edelmann / Gerrit Terstiege, Basel 2010, S. 147–161, hier S. 159.

Lyotards Sprachspiele, Derridas Programme und Deleuzes Virtualitäten

148
Vgl. Abraham A. Moles, **Die Krise des Funktionalismus. Notizen aus einem Seminar an der HfG**, Januar 1967, in: **ulm. Zeitschrift der Hochschule für Gestaltung**, 19/20 (1967), S. 24 f.

149
Jean-François Lyotard, **Das postmoderne Wissen. Ein Bericht**, Wien 1986, S. 175.

150
Als Überblick zu Person und Werk empfehlenswert Walter Reese-Schäfer, **Lyotard zur Einführung**, Hamburg 1953.

151
Zur philosophischen Postmoderne siehe Wolfgang Welsch, **Unsere postmoderne Moderne**, Berlin 2008.

152
Lyotard (wie Anm. 149), S. 175.

153
Ebd., S. 152.

154
Ebd., S. 122.

155
Ludwig Wittgenstein, **Philosophische Untersuchungen**, in: Ludwig Wittgenstein, **Werkausgabe**, Bd. 1, hrsg. von Joachim Schulte, Frankfurt / M. 1984, S. 241. Zum Thema »Sprachspiele« vgl. Reinier F. Beerling, **Sprachspiele und Weltbilder. Reflexionen zu Wittgenstein**, Freiburg 1980.

156
Vgl. Gebhard Warmer, **Lyotard. Darstellung und Kritik seines Sprachbegriffs**, Aachen 1995.

157
Vgl. Peter Engelmann, **Postmoderne und Dekonstruktion**, Stuttgart 2004. Eine gute Einführung zu Werk und Person bietet Geoffrey Bennington, **Jacques Derrida, ein Portrait**, Frankfurt / M. 1994.

158
Jacques Derrida, **Grammatologie**, Frankfurt / M. 1983, S. 16.

159
Vgl. Peter Engelmann, **Dekonstruktion. Jacques Derridas semiotische Wende der Philosophie**, Wien 2013.

160
Derrida (wie Anm. 158), S. 17.

161
Zum Verhältnis beider vgl. Simone Roggenbuck, **Saussure und Derrida. Linguistik und Philosophie**, Tübingen / Basel 1998.

162
Vgl. Ferdinand de Saussure, **Grund fragen der allgemeinen Sprachwissenschaft**, Berlin 1967.

163
Derrida (wie Anm. 158), S. 17 f.

164
Ebd., S. 18.

165
Ebd., S. 21.

166
Die Informationsübertragung nach Shannons und Weavers klassischem Modell funktioniert in einem Dreierschritt: Enkodierung (die Botschaft wird beispielsweise in den Code von Worten gebracht), Übertragung (sie wird als Signal durch einen Übertragungskanal gesendet) und Dekodierung (sie wird vom Empfänger gemäß seinem Code ausgelesen). Fehler oder Störungen der Übermittlung können in allen Phasen auftreten. Vgl. Claude E. Shannon / Warren Weaver, **Mathematische Grundlagen der Informationstheorie**, München, Wien 1976. Vorausgesetzt scheint, dass der Mensch zumindest in letzter Instanz für alle verwendeten Codes und Übertragungsmedien samt Sender und Empfänger verantwortlich zeichnet. Ausgeschlossen ist jedoch nicht, dass bereits andere Codes zwischen anderen Sendern

und Empfängern auf anderen Kanälen übertragen werden, die uns als Menschen von Natur aus fremd sind und bleiben.

167
Einen guten Überblick verschafft Friedrich Balke, **Gilles Deleuze**, Frankfurt / M. 1998.

168
Vgl. Gilles Deleuze, **Henri Bergson zur Einführung**, Hamburg 1997.

169
Gilles Deleuze, **Differenz und Wiederholung**, München 1992, S. 264.

170
Vgl. beispielsweise Manuel DeLanda, **Philosophy and Simulation. The Emergence of Synthetic Reason**, London / New Yorck 2011.

171
Deleuze (wie Anm. 169), S. 267.

172
Ebd., S. 267 f.

173
Vgl. zu dem Verhältnis von Deleuze und Design im Allgemeinen Betti Marenko (Hrsg.), **Deleuze and Design**, Edinburgh 2015.

174
Deleuze (wie Anm. 169), S. 268.

175
Ebd., S. 268.

176
Ebd., S. 267.

177
Gilles Deleuze / Félix Guattari, **Was ist Philosophie?**, Frankfurt / M. 2000, S. 135.

178
Ebd., S. 60.

Am Ende – Designphilosophie des Posthumanismus

179
Nick Land, **Circuitries**, in: **#Accelerate. The Accelerationist Reader**, hrsg. von Robin Mackay / Armen Avanessian, Falmouth / Berlin 2014, S. 255 f.

180
Armen Avanessian, **Realismus Jetzt. Spekulative Philosophie und Metaphysik für das 21. Jahrhundert**, Berlin 2013.

181
Markus Gabriel (Hrsg.), **Der Neue Realismus**, Berlin 2014.

182
Sanford Kwinter, **Far From Equilibrium. Essays on Technology and Design Culture**, Barcelona 2008, S. 147.

183
Vgl. Achim Menges / Sean Ahlquist (Hrsg.), **Computational Design Thinking**, London 2011.

184
Sean Ahlquist / Achim Menges, **Introduction. Computaional Design Thinking**, in: Menges / Ahlquist (wie Anm. 183), S. 26.

185
Benedict Singleton, **Maximum Jailbreak**, in: **#Accelerate. The Accelerationist Reader** (wie Anm. 179), S. 507.

186
Vgl. die heftige Debatte um Peter Sloterdijk, **Regeln für den Menschenpark. Ein Antwortschreiben zu Heideggers Brief über den Humanismus**, Frankfurt 1999.

187
Jürgen Manemann, **Kritik des Anthropozäns. Plädoyer für eine neue Humanökologie**, Bielefeld 2014.

188
Hans Moravec, **Robot. Mere Machine to Transcendent Mind**, Oxford 1998. Ray Kurzweil, **Menschheit 2.0. Die Singularität naht**, Berlin 2013.

189
Zu den Kritikern zählt etwa Francis Fukuyama, der in der Zeitschrift **Foreign Policy** 2004 en Artikel **The world's most dangerous Idea: Transhumanism** veröffentlichte. Für den aktuellen Stand empfiehlt sich Philipp von Becker, **Der neue Glaube an die Unsterblichkeit. Transhumanismus, Biotechnik und digitaler Kapitalismus**, Wien 2015.

Bibliothek für Designer

Weitere Bände der Reihe

Medien: Theorie und Geschichte für Designer
ISBN 978-3-89986-254-6

Recht für Designer
ISBN 978-3-89986-260-7
in Planung

Existenzgründung für Designer
in Planung

Storytelling für Designer
in Planung

und viele mehr

Herausgeber der Reihe
Prof. Dr. Thomas Friedrich
Prof. Dr. Klaus Klemp
Prof. Dr. Gerhard Schweppenhäuser

Autor des Bandes
Dr. Florian Arnold

Lektorat
Annerose Bach
Dr. Petra Kiedaisch
Bettina Klett

Layout
T616 Berlin
Prof. Veruschka Götz mit Katrin Kassel

Satz
Annerose Bach

Schriften
The Mix
TheSans
The Serif

Papier
UPM fine, 120 g/m^2 mit 1,25-fachem Volumen

Druck
Kösel GmbH & Co. KG, Altusried

avedition GmbH
Verlag für Architektur und Design
Senefelderstraße 109
70176 Stuttgart
Deutschland
Tel.: +49 (0)711 / 220 22 79-0
Fax: +49 (0)711 / 220 22 79-15
info@avedition.de
www.avedition.de

ISBN 978-3-89986-253-9

Bibliografische Informationen der Deutschen Nationalbibliothek
Die Deutsche Nationalbibliothek verzeichnet diese Publikation in der Deutschen Nationalbibliografie; detaillierte bibliografische Daten sind im Internet über http://dnb.ddb.de abrufbar.

Dieser Band erscheint mit Unterstützung der Hochschule für Gestaltung, Offenbach.